낭만남자

안경환 수필집

교음사

| 책을 내며 |

세 번째 책을 내며

큰딸이 새우젓으로 간을 한 호박찌개를 SNS에 올려놓고 정말 맛있다, 어릴 때 엄마도 이렇게 해주셔서 맛있게 먹었다는 글을 보았다. 난 기억도 없는데 작은 하나에 콧등이 찡해진다.

손자 부성이는 평소에 며느리를 통해서만 소통하였다. 5학년이 된 부성이가 학원 갔다 집에 가는 길이라며 안부전화가 왔다. 벌써 다 컸구나! 대견하고 의젓한 것을 표현할 말이 무엇으로도 부족했다. 아이들이 어릴 때 찍은 사진이나 엄마한테 쓴 쪽지 편지를 발견할 때 자꾸 눈물이 쏟고 약해지는 감정은 나이 탓인가? 웬만해서 눈물에 인색한 내가 왜 이러지? 할 때가 자주 있다. 그나마 감정을 글로 표현하고 전할 수 있음이 얼마나 행복한지 나이 들수록 절실하게 다가온다.

이번 세 번째 책을 내면서 모아 놓은 글들을 챙기며 드는 생각이 있다. 한 사람의 생을 통틀어 숱한 사연과 많은 것을 가지고 살아가고 있다는 걸 새삼 느낀다. 삶의 편린들을 꺼내고 조각을 맞추다 보니 한없이 풀려 나오는 실타래처럼 구구절절 글이 되고 책을 만들게 되었다. 지나온 것을 흘려보내고 앞만 보고 가겠지만 지금처럼만 살았으면 하는 작은 소망 하나 가져본다. 내 책을 읽으며 누군가의 걸림돌이 아닌 디딤돌이 되었으면 한다.

늘 기쁨과 행복을 주는 친손 곽부성, 외손 가원, 기윤이가 소재를 보태 글 쓰는 할머니로 만들어 주어 고맙다.

책을 내고 문학상을 탔지만 마음에 쏙 드는 글 한 편 없이 부담을 느끼기도 한다. 남은 시간 더 정진하여 좋은 글을 써 보도록 노력해야겠다. 잘 살았구나 하며 마지막을 웃음으로 장식했으면 좋겠다.

늘 넉넉한 마음으로 힘을 실어주신 오경자 교수님, 여러모로 애써주신 이민호 선생님, 강병욱 대표님과 류진 편집국장님, 물심양면 도와준 가족들, 나를 아는 모든 독자에게 감사함을 전한다.

표지 그림을 그려준 큰딸에게 고맙고, 7살 외손 김가원의 삽화는 너의 가능성과 희망을 볼 수 있어 할머니 어깨에 힘이 들어간다.

2025. 8. **안경환**

| 차례 |

▸ 책을 내며

1. 한여름 반짝
향 … 16
한여름 반짝 … 20
낭만남자 … 24
하사금 … 28
결혼문화 … 32
안애순 … 36
큐코 … 40
성형 … 44
사람 사는 이야기 … 48
팔랑귀 … 52
6월 6일 비요일 … 56

2. 당근

권력의 맛 … 60

살아 보니 … 64

당근 … 68

망대 1 … 73

망대 2 … 77

진도 천 리 … 82

부(副)자 인생 … 87

보증과 증인 … 91

리액션 … 95

백두산 … 99

남자 삼대(三代) … 104

3. 천차만별

매일이 시트콤 … 108

방 나가기 … 113

이 나이 되어도 … 118

강화 사돈 … 123

삶의 현장 … 128

천차만별 … 133

재테크 … 137

딸 둘 … 141

정답은 없다 … 144

경로석 … 148

축하 화분 … 152

4. 유품

유품 … 156
해사(海士)와의 인연 … 160
기부자 … 164
명상 여행 … 168
여자라서 … 173
효(孝) … 177
저수지 … 181
차(car) 인심 … 185
국회도서관 … 189
그녀 조옥연 … 194
수상소감 … 198
친정엄마 … 200
프리지어 … 202

|축간사| … 이광식 … 204

1

한여름 반짝

향

 색은 약간 다르지만 개나리 꽃잎처럼 생긴 4개의 꽃송이가 하나씩 차례대로 톡 하고 떨어지며 마지막 이별을 고했다. 향도 꽃잎도 사라졌다.
 오래전 구멍이 숭숭 뚫린 푸른 도자기로 된 난 화분 4개가 우리 집에 실려 왔다. 결혼한 둘째의 시집에서 시조부님이 기르던 난을 손자며느리에게 키우라고 주었단다. 우리 딸은 키울 자신이 없다고 보내온 것이다. 나도 꽃 보기는 좋아하지만 애착을 갖고 키우는 데 자신이 없는 것은 마찬가지다. 가끔 죽지 않을 만큼 물을 찔끔찔끔 주었을 뿐이다. 겨울에는 거실에, 여름에는 베란다로 옮겨져서 가끔 해 맛을 볼 뿐이다. 푸른 잎 그대로 몇 년이 지났다. 어느 날 하나의 난분에서 가냘픈 꽃대를 올리더니 꽃을 피웠다. 너무 신기해서 꽃 이름을 검색했더니 소심난이라고 나온다. 꽃 향은 황홀 그 자체였다.

  세상의 어느 것도 영원한 것은 없었다. 그 여름 꽃향기만 날리고 멀어져 간 소심이었다. 올여름 더위가 한풀 꺾인 9월 초순 물 한 바가지 들고 4개의 분에 물을 나눠 주었다. 물을 주며 중얼거렸다. 소심보다 더한 무심아 넌 어찌 그리 무심하냐고 혼잣소리를 하는데 줄기 어딘가쯤에서 통통하게 알밴 기운이 전해져 오는 걸 느꼈다. 나의 중얼거림이 전해졌는지 몇 년 전 첫 번째 꽃을 피우고 올해 두 번째 꽃이 꽃망울을 맺었다.

  그 난분만 간택되어 조심스레 거실로 품어 옮겼다. 하나씩 차례대로 피어나는 꽃의 향기는 거실을 가득 메웠다. 안마기 앞 코 높이에 난분을 두었다. 킁킁 대지 않아도 난향은 콧속에 스며들었다. 난향이 천 리를 간다더니 실제를 경험했다. 퇴계 이황의 난 사랑이 이해가 되기도 했다. 4송이가 수직으로 피어 향기를 퍼프렸다. 장미꽃 향과 아카시아꽃 향이 어우러진 향이랄까? 참말로 형용하기 어려운 향이 단내를 풍겼다. 한 송이가 지고 또 한 송이가 져서 화분 위에 떨어졌다. 3주간 행복을 주는 향은 사라졌다.

난향을 모아서 가둘 수만 있다면 어떤 짓이라도 하고 싶을 만큼 아쉬웠다. 이런 절실한 아쉬움이 있어서 향기를 모으고 향수가 나온 게 아닐까 생각해 본다.

오래전에 읽은 독일 소설가 파트리트 쥐스킨트의 소설 『향수』가 떠오른다. 그루누이라는 주인공은 몸에서 나는 향기는 없지만 뛰어난 후각 인이다. 살인을 불사하고 향기를 찾아 향수를 제조하는 연쇄 살인자의 이야기다. 2천만 부 이상이 팔렸다는 독자 속에 나의 존재도 한몫했지만 그 당시 다 읽고 나서 분명히 번역이 잘못되었을 거라는 생각을 한 것 같다. 아무리 소설이지만 있을 수 없는, 사람을 도구로 향수를 만드는, 구토가 날 것 같은 줄거리가 많다. 나중에 영화로도 나온 걸로 알고 있지만 볼 용기가 나지 않았다.

꽃의 향을 추출해서 향수를 만들어도 자연의 향만큼은 어림없다. 소설 속의 그루누이도 향을 쫓다가 아무런 향에도 만족을 못하고 여성들 속에서 향을 찾는 이야기가 전개된다.

사람에게도 분명 향이 있다. 품위, 개성, 매력, 살아오면서, 나이가 들수록 풍기는 향이 있다는 생각을 해 본다. 화려한 옷을 입지 않아도 기품이 있는 향! 곱게 익어 가는 향!

수필 첫 집이 나올 때 처음 소심난은 꽃을 피워 향기를 전해 주었고 이번 2집 때 두 번째 꽃을 피운 게 우연의 일치일까? 행운의 꽃인 건 맞는 것 같다. 등 굽은 소나무가 선산을 지킨다는 말이 있다. 꽃을 준 난을 가까이서 보니 난분 자체가 약간 기형으로 비뚤어져 있고 난 줄기도 한쪽으로 치우쳐 있다. 그 어려움을 견디고 2번의 꽃을 보여 준 난이 대견했다. 사랑을 주지 않아 꽃을 보여 주지 않은 난에게는 미안했다. 꽃을 보여 줘야만 사랑하게 되는 나의 이기심이 한없이 미웠다. 꽃에게도 배울 게 있었다. 어떤 때는 병 모양이 예쁜 겐조의 향에 살짝 빠지기도 했고 샤넬 넘버 파이브 향수를 선물 받은 적도 있었다.

  손자 부성이의 머리와 몸에서는 늘 좋은 향기가 난다. 어떤 샴푸와 섬유유연제를 쓰느냐고 며느리한테 몇 번인가 물어보았다. 우리와 같은 것을 쓴다 했고 어느 때는 같은 것을 사 주기도 했지만 우리에게는 부성이에게서 나는 향은 절대 나지 않았다. 아이들에게서 나는 향은 그냥 좋다. 아무리 좋아도 인위적인 향보다 본연의 향이 좋다. 또 얼마의 세월이 흘러 소심난이 뿜어내는 자연 향을 맡게 될까 기대해 본다. 그때는 내게서도 향이 날 수 있으면 좋겠다.

2023. 10. 31.

한여름 반짝

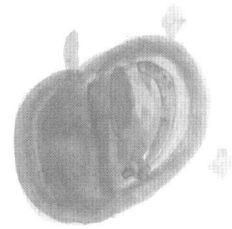

　친정집에는 언제 심었는지 기억은 없지만 큰 자두나무 한 그루가 자라고 있었다. 봄이 짙어 가면 손톱만 한 진녹색 열매가 달리기 시작하고 하루가 다르게 몸집을 부풀리며 연녹색이 되어 간다. 나뭇잎과 가지 사이로 햇볕이 자르르 내려앉으면 주먹만 한 자두가 눈에 띄어 침샘을 자극한다. 뾰족한 끝부분부터 누런빛이 들기 시작하면 기가 막힌 먹거리가 된다. 한입 베어 물면 입안 가득 새콤달콤했던 그 맛을 잊을 수가 없다. 토담을 딛고 나무에 걸터앉아 자두를 따 먹던 생각이 지금도 아련히 떠오른다. 우리가 어릴 때 크기는 작지만 빨갛게 익은 자두를 애추라고 불렀다.

친정을 떠나고 자두나무는 언제쯤 생을 마감했는지 생각해 본 적도 없이 잊혀 갔다. 그 뒤 가끔 자두를 사 먹었지만, 친정집의 그 자두 맛은 어디에서도 만나지 못했다.

몇 해 전 대구에 사는 동생이 고향 동네에 땅을 샀다. 고추, 파, 고구마 여러 가지 농작물을 심어서 가꾸었는데 힘이 든다며 자두나무를 심기 시작하여 자두 과수원이 되었다. 이 년 전부터 조금씩 수확이 있었다. 올해의 첫 수확이라며 동생은 자두를 보내 왔다. 먹어 보니 어릴 적 친정에서 먹었던 바로 그 맛이었다. 지난해 지인 몇 분에게 선물하고 판매한 적이 있었는데 맛을 본 사람은 모두가 맛있다고 했다.

자두가 출하한다는 소식을 듣고 20여 명이 있는 카톡방에 자두 사진을 올렸더니 작년에 구입한 사람은 2박스, 3박스씩 구입하기 시작했다. 너무 호응이 좋아 주문량보다 수확을 감당하기 어려웠다. 구입자가 내게 주소와 전화번호를 보내 주면 구매자에게 동생의 계좌 번호를 찍어 보낸다. 보내 온 주소는 올케한테 그대로 보냈다. 동생 내외는 아침나절에 나무에서 자두를 따 박스에 담고 포장하여 오후 4시 전에 부치면 그다음 날 도착한다. 어찌나 손발이 척척 맞는지 나도 모르게 신바람이 났다. 자두는 전국 곳곳에 고객을 찾아 배달되었다. 지인 한 분은 자두와 감자 택배가 함께 배달되어 나한테 감사 문자를 보냈다가 다른 곳에서 부쳐 온 감자여서 귀여운 해프닝이 발생하기도 했다. 선 입금을 하고 주소를 나중에 보낸 분도 있고 배달이 늦는다고 책망을 듣기도 했다. 시간이 맞지 않는다고 환불을 했다가 나중에 더 많이 구입하기도 했다.

  7월 초, 중순에 출하된 자두는 8월 10일이 지나면서 더 이상 황금알을 내놓지 않았다. 먹고 싶어도 더 이상 사 먹을 수가 없었다. 들불처럼 일어나던 자두는 공급이 끊겼다. 자두의 효능을 알아보니 피로 회복, 빈혈 예방, 식욕 증진, 변비에 좋다고 되어 있다. 중국의 한의학자의 약리 효과와 처방에는 자두는 성질이 온화하고 맛은 쓰고 떫으며 독이 없는 간장약으로, 간이 나쁜 사람에게 효험이 있다고 했다. 중국 한의학자 말도 옛말이 되었나 보다. 요즘은 개량종이 나왔는지 씨는 작고 살이 많으며 단맛이 강 하다라고 말하고 싶다. 자두의 종류에는 후무사, 도담이란 이름으로 불리는 것도 있었다. 푹푹 찌는 여름 한철 과일인 것도 이제야 알게 되었다. 어느덧 한 달여 시간이 흘렀다. 5킬로 들이 자두를 100박스 넘게 내 손을 거쳐 팔아 주었다. 남동생 내외는 정말 고맙다고 했고 누나는 뿌듯했다.

  아직도 늦더위가 남아 기승을 부린다. 뉴스에는 85년 만에 긴

열대야로 기록된다고도 했다. 동생 덕에 친정집 자두의 추억도 소환했고 생각만 해도 침이 고이는 맛있는 자두도 실컷 먹었다.

 폭서였지만 모처럼 누나로서 한여름을 반짝 빛내준 자두 잔치였다.

2024. 9.

낭만남자

 소크라테스는 악처를 만나 유명한 철학자가 되었다고 한다. 음식이나 반찬을 만드는 여자 명인들이나 능력 있는 아내를 둔 남편은 거의 백수가 많다고 한다. 아내는 믿고 기댈 곳이 없으니 남들보다 두 배, 세 배의 노력이 필요했단다. 그러다가 명인이 되었다고 한다.
 나의 글은 내가 쓴다. 누구도 대신할 수 없지만 무한 글감을 주는 상대가 있다. 아내가 욕을 하든 칭찬을 하든 함께 들어 주고 장단을 맞추며 살아가는 남자가 있다. 악부(惡父)는 아니지만 글로 흔들고 들었다 놨다 하면서 주로 남편을 모델로 수필을 쓴다.

한때 아내는 까칠한 남자 만나 세상에서 제일 슬픈 여인인 줄 알았다. 풀지 못할 수수께끼를 혼자 껴안고 사는 줄 알았다. 앞이 안 보이고 막막할 때도 있었다. 자식들에게 못 볼꼴 안 보이려고 한강 고수부지까지 가서 싸우기도 했다. 남편만 탓하고 원망하며 살았다. 원수가 따로 없다 생각했다. 바보처럼 내 잘못은 없는 줄 알았다. 살다 보니 사는 방법도 터득하고 지혜도 생겨났다. 마지막에 웃는 자가 승리자가 아니고 자주 웃는 자가 승리자란 명언도 생겼다.

세 아이들 짝을 다 맞춰 보내고 둘만 살다 보니 각자의 루틴이 생겼다. 아침밥은 갖은 반찬을 푸짐하게 해 놓고 꼭 함께 먹는다. 점심과 저녁은 각자 해결한다. 그래서 아내는 보온밥통에 항상 밥을 채워 놓는다. 남편이 불편하지 않게 준비해 놓는다. 밥을 푸는데 TV에서 트로트 갈라 쇼를 한다길래 뭔데? 하고 물었더니 갈라서 하는 거라는 엉뚱한 대답을 재미있게 하는 남편이다.

생각해 보면 무모할 정도로 남편은 본인의 체면, 자존심은 안드로메다로 보내고 가족을 위해 희생했던 것 같다. 젊은 날 사업이 내리막일 때 금융계 요직에 있는 집안 오빠를 찾아가 대출을 해 달라고 강짜를 부린 남자, 수십 년 세월이 흘러 다른 사람 입을 통해 아내가 알게 된 사건, 아내가 병으로 수술 날을 받아 놓으니 아내 모르게 여유 자금으로 대출을 받았는데 3년이나 지나 털어 놓는 남자. 느닷없이 결혼 40주년에는 리마인드 웨딩을 주선하여 웨딩드레스를 한 번 더 입기도 했다. 생일이나 결혼기념일은 한 번도 빼먹지 않았다. 아무리 없어도 선물은 최소가 꽃바구니였다. 일 년 용돈을 모았다며 귀걸이나 좁쌀보다 약간 큰 다이아가 박힌 반지를 내밀던 남자, 아내가 동네 병원만 가도 꼭 함께해야 하는 남편, 본인이 아프면 혼자 병원 가는 걸 당연하다고 여기는 남자, 이 집은 여자가 이기주의인가? 나이가 들면서 갑자기 생각나지 않은 단어나 이름이 있어 함께 찾아낼 때는 우리는 혼자 살면 해결이 안 돼 하며 웃는다. 평소에 남자가 쓸데없는 말을 한다고 지청구를 했는데 과묵할 때는 한없이 과묵하다.

  한 열흘 친구들과 유럽 여행을 다녀왔을 때 유럽 음식이 느끼했을 거라며 시큼한 묵은 김치 넣어 꽁치 조림을 해 놓고 기다린 남자, 그 감동은 지금도 잊히지 않는다. 차가 필요하다면 한 번도 귀찮아하지 않고 기사 노릇을 자청한다. 평소 악역은 남편이 맡는다. 아내를 아끼고 자랑을 많이 해서 친척이나 친구한테 팔불출이 된 지는 오래되었다. 내가 없었으면 글감도 없었을 걸 하는 남자, 생각해 보면 단점보다 장점이 많은 남자, 아내는 남편 덕에 동기부여가 되어 수필작가가 되었다고 남편을 팔기도 한다. 오늘도 부부는 함께한다. 퍼즐을 맞추듯이, 벽돌쌓기(테트리스)를 채우듯이 빈 곳을 채워 나간다. 오늘은(6월 10일) 둘째 딸이 태어난 날, 축하 메시지를 보냈다. 어느 날부터인가 부부는 합의하에 아이들 생일 축하금을 반반 부담하기로 했다. 부담이 반으로 줄었으니 그 깨알 재미도 쏠쏠하다.

내 연장 아끼려고 남의 연장 빌려 쓰다 보면 내 연장이 녹슨다는 말이 있다. 가끔은 삐치기도 하고 자식들이 엄마를 더 챙긴다고 샘을 내기도 하지만 남의 가정 비유하며 남편 원망하다 내 남편 잊힐까 잘 챙겨야겠다.

달라도 너무 달라 감성으로 통통 튀는 남자, 계산이 앞서는 이성적인 여자. 반백 년 함께 하니 적당히 섞어찌개가 되어 살아간다. 동행은 같은 방향으로 가는 것이 아니라, 같은 마음으로 가는 것이다. 70줄에 들어서도 우산 없이 가을비 맞기를 좋아하는 낭만남자랑 남은 세월도 함께 재미있게 살아야겠다는 생각을 해 보는 날이다.

2025. 6. 10.

하사금

나이를 의식하고 살지는 않지만 가끔은 아니 벌써 내 나이가? 할 때가 있다. 아직은 일을 하며 열심히 살고 수필 공부를 하여 책도 냈으니 더 바랄 게 없다. 꽃 피는 봄날 5월에 날아든 수필문학상 소식은 한참을 얼떨떨하게 했다. 수필 공부를 16년째 했지만 아직도 초보 수준, 풋내기라고 생각했는데 수상이라니! 들떠 며칠을 보내면서 함께한 문우님들이 제일 많이 떠올랐다. 수상 선정 통보와 초대장에 박힌 환하게 웃고 있는 내가 낯설기도 했다.

올해 수필작가 대화의 모임에는 제1회 갈석 강석호 문학상과 제35회 수필문학상 시상식, 천료작가 등단패 수여식이 있었다.

수상자들은 맨 앞자리에 자리를 내주었다. 모처럼 정장을 한 남편과 나란히 앉았다. 항상 뒷자리서 축하만 해 주고 부러워했던 내가 이 자리에 앉게 되었다. 지난해만 해도 상상하지 못했고 남의 일인 줄 알았다. 해마다 뒤에서 봤을 때 수상석은 특별한 무언가가 있는 것 같았고 아늑한 공간에 아우라가 있었고 꽃향기가 은은하게 퍼지는 상상을 한 적이 있었다.

시상식 날 여울지 회원들의 축하 꽃을 준비하는 것은 함께 시상하는 유경희 선생님과 내 담당이다. 둘이 함께 상을 타게 되었으니 중 제 머리 못 깎는다는 말을 교수님은 에둘러 돌잡이가 돌떡 돌리게 됐다는 재미있는 문자를 주셨다.

수상자는 정장을 입고 오라고 했다. 지난 뮤지컬 커튼콜 때 입은 진한 핑크 정장을 입고 빨간 모자를 썼다. 여자들은 다 그렇겠지만 난 패션에 관심이 많은 편이다. 행사나 모임에 날이 잡히면 머리에서 발끝까지 무슨 차림새를 해야 할까? 머릿속은 빠르게 회전한다. 젊었을 때 몸은 돌아올 수 없고 자신감도 떨어졌으니 귀여운 컨셉으로 가는 거다. 약간 생뚱맞은 행동을 할 때면 고(故) 김윤희 작가의 80년대 베스트셀러 「잃어버린 너」가 생각난다. 소설의 주인공인 윤희는 정말 사랑했던 첫사랑 충식의 장례식장을 찾아갈 때 새빨간 립스틱을 칠하고 빨간 옷을 입고 갔다는 대목을 떠올리며 내 자신을 합리화시킬 때가 있다.

　식은 시작되었고 내겐 아직도 수상 소감이라는 숙제가 남아 있다. 평소 무대 울렁증도 있는데 간결하고 쌈박한 인사말은 없을까 고민하다가 내 차례가 되었다. 평범한 소감은 끝이 났고 또한 지나갔다.

　상패와 상금을 받았다. 문학의 길에 들어선 지 16년, 어떤 말로도 표현할 수 없을 만큼 좋았다. 글을 쓰다가 힘들면 몇 달을 컴퓨터도 열지 않고 지낼 때도 있었다. 한 자라도 대신 써줄 수 없는 게 글이기에 마음을 다잡아 벌떡 일어나곤 했다. 상패는 예뻤다. 왼쪽에는 『엄마가 변했어요』 책 표지와 사진이 들어 있고 오른쪽에는 '제35회 수필문학상'이란 문구가 들어 있다. 꽃다발을 받았고 축하금도 있었고 축하 메시지도 많이 받았다. 생각지도 않은 상금은 현금 봉투에 빳빳한 채로 가지런히 누워 있었다.

　상금은 세금도 없다. 인사할 때는 은행을 통하면 되니 현금은 그대로다. 어떻게 하면 적절하게 쓸 수 있나 잠시 망설이다가 남편과 삼 남매에게 10만 원씩 은행으로 쏴 주니 무슨 행사도 아닌데 깜짝 놀란 아이들한테 연락이 왔다. 무슨 돈이냐고? 엄마의 하사금이라고 말했다. 아이들도 좋아했고 엄마는 더 좋았다.

　하사금이라 말해 놓고 나니 어색한 것 같기도 해서 찾아보니 임금이나 윗사람이 준 돈이라고 나온다. 자식들은 의무적으로 키웠고 생일이나 행사 때 가끔 용돈 정도만 주고 살았다. 깜짝 이벤트는 한 적이 없다. 상금을 탔으니 할 수 있었고 하사금이란 말을 해도 권위적이지 않고 기분 좋은 하사금이 되었다. '엄마, 어머니, 장모님, 할머니 대단해요, 자랑스러워요.'라는 소리에 온갖 시름이 다 녹는다.

2025. 5.

결혼문화

4, 5월 봄이 되면 결혼식 청첩장이 날아든다. 몇 해 전 코로나로 미루었던 결혼을 한꺼번에 하는 분위기다. 오늘은 사촌 시동생이 며느리 보는 날이라 대구에서 출발한 전세버스가 강남역에 도착했다. 버스에서 내리는 집안 손님들은 남자 몇 빼고는 초로의 여인들과 더 나이 든 할머니뿐이다. 우리 아이들 삼 남매 때도 대구에서 전세버스를 이용하여 서울로 손님들을 모셨는데 그때와는 또 다른 분위기다. 여자들의 수명이 길어서일까? 묘한 기분이 든다.

결혼식도 시대 따라 유행이 있는 것 같다. 경쟁하듯이 특색 있고 색다르게 하는 것 같다. 오늘의 결혼식은 신랑의 부모들이 제일 먼저 입장하고 그다음 신부의 부모가, 그리고 신랑이, 마지막에 오늘의 주인공 신부가 아버지 손을 잡고 입장했다. 양가 부모들이 자식 키우느라 고생했다고 효도 차원에서 리마인드(추억 결혼)웨딩을 겸하는 것이라 했다. 양가 바깥사돈들의 축사와 신부의 언니 형부 공동 축사도 있었다. 요즘 신혼여행의 트렌드도 과감해졌다. 자연을 찾아서 동아프리카(탄자니아)로 간다고 한다.

 결혼식을 보니 우리 아이들 결혼식이 떠오른다. 18년 전 큰딸 호야는 '양재 시민의 숲'에서 주례 없이 야외 결혼식을 했다. 예복을 입은 채로 신랑 신부는 통기타를 메고 자작곡을 불렀다. 여러 송이의 장미를 준비해서 하객들이 들고 있다가 신랑 신부가 퇴장할 때 신부에게 안겨주는 이벤트도 했다. 결혼 날을 받아 놓고 주말마다 비가 와서 걱정하고 있었는데 결혼식 날은 햇볕이 반짝 났다. 출장 뷔페였는데 음식 대접을 할 수가 있어 다행이었다.

 둘째 쩡아는 한전 본사에서 했다. 한전이 매각된 상태였지만 한전의 마지막 예식장을 사용한 신랑 신부가 되었다. 그날의 결혼은 딱 한 쌍이었다. 신기한 건 고르고 고른 웨딩드레스가 예전 엄마(나)의 웨딩드레스와 비슷했다는 거였다. 셋째 아들 빼야는 여(女)교수님(오경자)이 주례를 했고 코미디언 이윤석 님이 사회를 보았다. 유명 연예인도 더러 참석했었다.

결혼식은 거의 주말에 하다 보니 같은 날 2건이 있을 때도 있고 호텔 결혼식은 식대가 비싼 걸로 알고 있어서 축의금도 신경 쓰이고 부담스럽다.

  요즘은 거의 모바일로 청첩장을 보낸다. 결혼식은 각양각색이라 친구들의 축가는 당연한 것이고 악기 연주 하나쯤은 흔하게 볼 수 있다. 한복 입은 안사돈이 온몸을 흔들며 춤을 추기도 하고 신랑 신부가 소주를 따라 러브샷을 하는 것도 보았다.

  수십 년 전 우리 결혼식 때는 양가 부모님들에게 결혼식은 우리가 알아서 하겠다고 했다. 5월의 신부는 핫 핑크색 바탕에 자잘한 연 핑크색 나비가 날아다니는 빛깔 좋은 한복 딱 한 벌, 수제 검정 에나멜가죽 샌들, 신랑은 양복 한 벌 광나는 깃도(양가죽) 구두를 맞췄다. 옷도 신발도 최고로 그날만 빛낼 한 벌씩만 하기로 했다. 금반지 하나씩, 금목걸이 하나를 했다. 신혼여행복은 맞춤이 아닌 시장에서 사 입었다. 그래도 부케만큼은 제일 화려한 생화로 했다. 신혼여행지에서 사진사가 신혼부부가 아닌 처녀 총각이 여행 온 줄 알았다며 정말 폭삭 속았다고 했다.

  상견례를 하고 결혼 날을 받으면 양가 사돈이 만나서 예물을 함께하고 시어머니가 명품 백이나 비싼 밍크코트를 요구하면 며느리가 꼭 해 가야 하는 문화도 있었다. 신부네로 함이 가는 날

마른오징어를 쓴 함진아비가 함을 팔겠다고 골목이 떠들썩하게 하는 진풍경도 있었다. 아이들 모두 그런 것은 다 생략했다. 예단비가 적다고 해 온 게 없다고 두고두고 시집살이를 시킨다는 이야기도 많이 들었는데 여섯 분의 사돈이 있지만 아무도 결혼 때나 지금이나 토를 다는 사람이 없다.

  우리가 결혼한 지도 거의 50년 가까이 흘렀다.

  자식은 부모를 닮는다 했는데 삼 남매도 우리 결혼 때와 별반 다르지 않았다. 둘이서 척척 알아서들 했고 속 썩일 일 없이 순조롭게 진행되었다. 가전제품은 혼수의 기본인데 큰딸은 필요 없다고 했다. 신혼여행 간 틈을 타 큰딸 친구와 몰래 신혼집에 사들여 놓았는데 결국은 TV도 없애고 대형 냉장고는 우리 집으로 왔다. 그 집은 아직까지 TV 없이 살고 있다. 딸들 결혼시키면서 부모로서 미안할 정도로 해 준 게 없는데 말없이 잘 사는 걸 보면 고맙기 그지없다.

  결혼도 삶의 연장일 뿐이다. 갑자기 신기루를 만나고 신세계가 펼쳐지는 것은 아니다. 보여 주기식 결혼식을 하고 힘든 사람도 많이 보아 왔다. 예나 지금이나 형식은 생략하고 잘 살아 주는 게 최고의 효도가 아닌가 싶다.

2025. 4.

안애순

넷플릭스의 최고 흥행작 「오징어게임」이 재미있다는 말을 많이 들었다. 외국에서도 많이 알려져 상을 타고 유명세를 이어갔다. 꼭 봐야지 하면서 하루하루 시간만 흘러갔다. 어디서 어떻게 보는지도 몰랐다.

넷플릭스란? 인터넷과 영화를 합성한 이름으로 세계 190개국 4억 명 이상의 고객들이 시청하는 스트리밍 엔터테인먼트기업이라고 한다. 4억 명 속에 끼지 못하고 살았으니 자괴감이 들기도 한다. 하루가 다르게 변화하는 용어와 방법을 알기까지 내 역량으로는 역부족이다. 당장 생활에 연관되는 키오스크, 챗GPT, 번역기,

금융거래 등 굳이 알려고 하지 않았지만 모르면 바보가 된 것 같다. 손님이 결제 때 카드를 내지 않고 핸드폰을 디밀어 당황한 적도 있다. 예전 어른들이 유행가 가사를 하나도 못 알아듣겠다는 소리가 우스웠는데 시대 따라 실감하는 나이가 되었다.

큰딸이 우리 집에 온 날 가족 넷플릭스 앱을 깔아 주고 갔다. 핸드폰 바탕 화면을 열고 검정 바탕에 빨간색 N 자가 박힌 넷플릭스를 치면 네모 5개가 나온다. 그중 하나 노란 네모 안에 스마일 마크와 엄마라는 글자가 들어 있다. 클릭하면 내가 보고 싶은 드라마를 원 없이 본다. 오징어 게임 1화 9부작, 2화 7부작을 밤을 새우다시피 단숨에 보았다. 보는 사람의 간을 졸이고 피를 말리는 게임을 한다. 우리나라 고유 민속놀이가 이런 극으로 탄생하다니 놀람을 금할 길이 없다.

꼭 보고 싶었던 「폭싹 속았수다」를 클릭했다. 폭싹 속았수다는 제주도 방언으로 애쓰셨습니다,라고 한다. 양관식과 오애순의 시대극 로맨스 일상물이다. 우리 또래의 시대를 살아낸 우리들의 이야기였다. 16화를 2일 만에 다 보았다. 이어폰을 끼고 지하철 안에서 보기도 했다. 출생과 살아온 과정이 다르긴 했지만 몰입도는 최상이었다. 드라마는 과거에서 현재로 현재에서 과거로 이동하며 극이 전개된다. 관식이 애순을 향한 지고지순한 순애보적인 모습은 팔불출 돌쇠란 별명으로 불렸다. 장면마다 수십 번 관자놀이가 지끈해지며 눈물이 눈동자 아래 모였다가 눈물방울이 되어 흐르지는 않았다. 애써 참으며 나 자신을 시험에 들게 했는지 모른다. 마지막 돌쇠 관식이가 혈액암에 걸리고 마지막 회로 갈수록 애써 참으려던 눈물이 폭포수가 되어 흘렀다.

그냥 가족 이야기인 줄 알았다. 가난과 차별 속에서도 배움을 놓지 않았던 애순, 교육 기회의 불평등에 맞선 딸 금명이, 평생학습은 세대를 이어 이루어졌다. 극 중의 젊은 날 오애순(아이유)이가 엄마 애순(문소리)의 딸인 양금명(아이유)으로 1인 2역이 되어 연기하는 것도 볼거리였다.

관식과 애순이는 삼 남매를 낳아서 기르다가 한 아이가 하늘나라로 가게 된다. 가족들은 각자 본인의 탓으로 돌리며 자책할 때도 눈물샘을 자극했다. 결국 금명, 은명이 남매를 키우게 되었는데 결과는 좋았지만 부모의 속을 끓이고 갈등하는 장면도 많이 나온다.

시련을 겪으며 보이는 삶이 아니라 살아가는 삶을 살게 될 것이라는 말이 떠오른다. 살만 하면 죽는다는 말이 있다. 세상에 영원한 것은 없다.

관식이가 애순에게 세 가지 소원 중 한 가지는 꼭 들어 주겠다고 약속을 한다. 육지로 가는 것, 대학 보내주는 것, 시인이 되는 것이었다.

삶의 끈을 놓기 전에 한 가지 소원은 끝내 지킨다. 관식은 관식의 방식대로 자신의 삶을 다 바쳐 시인이 되게 해 주는 약속을 지켰다.

문학소녀를 꿈꿨던 애순이는 억척을 부리며 살았고 노년의 애순이는 시인의 꿈을 이루었다. 결국은 주위 할머니들에게 글자를 가르치는 애순 선생님이 되었다. 얼굴은 시인다운 맑음, 소녀다움, 원숙함을 모두 갖추고 있다. 이것은 관식이가 평생 사랑으로 대어 준 정서적 자양분일 뿐 아니라 애순이가 스스로 획득한 정신적 자양분으로 성취한 것이기도 했다.

시 속에는 70년의 별들이 모여 은하수를 이룬다는, 글이 나의 70 나이에 낸 수필집이 오버랩되어 크게 와 닿았다.

「폭싹 속았수다」를 보게 한 큰딸이 많이 울었냐고 물어왔다. 우리 세대의 주위에 흔히 있을 수도 있는 이야기지만 눈물샘을 자극하여 가슴을 뭉클하게 했고, 어쩜 나의 이야기라 대답했다.

엄마, 아빠의 삶과 로맨스가 관식과 애순이를 닮았다고 곽진혁을 곽관식으로 안경환을 안애순으로 바꾸라고 했다. 고개를 저었지만 한참을 주인공 애순이로 살 것 같다.

2025. 5.

큐코

 책 제목인지? "죽도록 일만 하고 갈 거야?"라는 문구를 보고 전하는 메시지가 크게 와 닿았다. 나이 들어감에 우리 모두의 이야기가 아닌가 싶다.
 30년 가까이 경상도 사투리에 익숙한 내게 가끔 나긋나긋한 서울 표준말을 들으면 사람마저 고급져 보였다. 서울에 터를 잡으며 말씨에 주눅이 들고 약간의 콤플렉스도 있었지 싶다. 아이 셋을 키우고 조금의 여유를 가지며 수필 쓰기를 배웠다. 욕심내지 않고 긴 시간이 흘러가니 책도 내었다. 내성적 성격은 아니지만 어느 날부터인가 글쓰기보다 남 앞에 서서 말하는 게 훨씬 어려웠다.

귀에 쏙쏙 들어오는 강의나 매끄럽게 말 잘하는 사람이 정말 부러웠다. 남들 앞에 서면 준비한 말도 까먹고 머리가 하얘지기 일쑤였다.

　죽을 때까지 '배우고 도전하라'라는 말이 새삼스럽지는 않지만 사람을 알게 되고 단체에 소속되어 바쁘긴 하지만 시간이 나면 그림이나 서예를 배우고 싶었다. 망설이다 시간만 흘러갔다. 꿈에도 생각 못 한 분야가 내게 인연이 되어 다가왔다.

　지난해 강남 구민회관에서 하는 시니어 창작 뮤지컬 티켓을 지인에게 받아 관람했다. 일면식도 없는 배우들의 연기를 보며 신선한 느낌으로 강하게 다가왔다. 지나가는 소리로 '뮤지컬 그거 재밌겠네' 하는 소리를 했다. 그 소리를 놓치지 않은 지인이 다리를 놓아 대표와 단장을 만나고 일사천리로 입단(?)이란 걸 하게 되었다. 음치, 박치, 몸치가 생각지도 않은 방향으로 물꼬가 잡혀 버렸다. 50대부터 70대까지 각자 다른 삶을 살다가 모인 사람들은 누구보다 활기차다. 일주일에 한 번 3개월을 배웠지만 뻣뻣한 몸은 아직도 통나무다. 남편만 알고 아이들한테는 말을 안 했다. 토요일마다 시간을 못 내고 뮤지컬을 간다는 소리에 무슨 뮤지컬을 자주 보러 가느냐고 딸이 물었다. 배우러 간다는 소리에 엄마가? 하면서 아이들은 복잡한 마음이 되어 웃는 소리가 수화기 너머 날아왔다.

 인내라면 역대급이다. 시작하면 끝을 보는 사람이다. 아직 단원들 이름도 다 외우지 못하고 배역도 정해지지 않았는데 3개월이 흘렀다. 5월의 마지막 날 양양으로 1박 2일 워크숍을 떠났다.

 대표님은 극본을 직접 쓰고 뮤지컬을 200여 회나 무대에 올린 유능한 사람이다. 단장, 안무, 노래, 총감독 재능이 있는 교수님들에게 강습을 받는다. 오늘에야 제대로 단합 대회를 하는 날이다. 압구정에서 서울을 떠난 버스 속에서 각자의 소개가 있었다. 말 못 하는 사람은 한 사람도 없었다. 내 차례가 왔다. 오랜 세월이 흘러도 남 앞에서 말하는 것은 아직도 어색하다. 내 책을 읽어 본, 사회를 보는 교수님이 묻는다. "『엄마가 변했어요』라는 책에 뭐가 변했어요"라며 물어왔다. 마이크 울렁증이 있는데 이제 조금 변한 거라고 해서 모두를 웃게 만들었다.

 속초에 도착 점심을 먹고 속초 바다정원에 들어선 일행들은 모두의 목에 바다색 머플러를 두르고 하얀 솜구름이 떠 있는 예쁜 하늘과 파란 바다를 배경으로 사진을 찍었다. 주체하지 못한 끼들로 바다에 여행 온 사람들의 시선을 끌었다. 고삐 풀린 망아지가 따로 없었다. 쏠 비치 콘도에 여장을 풀고 2시간 노래방에서의 열기는 대단했다. 마지막 장기자랑(패션쇼)은 가히 세계의 끼쟁이들이다 모인 것 같았다. 개성과 즉석에서 만든 극으로 웃음의 도가니가 되었다. 안 맞는 옷을 입은 것 같은 나와는 달리 대단한 아마추어 배우들이었다.

10월 중 무대에 올릴 예정인 우리 인생을 노래하는 인생 극, 창작뮤지컬 제목은 망대(등대)다.

아직 갈 길은 멀지만 일만 하는 개미를 측은해하는 것도 아니고 노래만 하는 베짱이를 부러워하는 것도 아니다. 각자가 살아내는 삶도 기술이라 생각한다. 휴가가 일상이 되면 평온이 권태와 손을 잡으면 안 된다는 생각으로 하루하루 알차게 쓰려 한다.

큐코란(queue: 줄을 섰을 때 앞에선 사람이 먼저 나가게 된다. 코는 코리아), 서울 시니어 뮤지컬 극단 이름이다. 무모한 도전이라 생각한 남편이 말한다. '고마(그만)해라'는 말을 자주하지만 은퇴 후 둘만 남아 놀 줄 몰라 당황해하는 것보다 알아서 놀 줄 아는 내가 얼마나 다행이냐고 말했다. 남 앞에 서서 말도 못 했던 콤플렉스를 이겨 보자! 끝까지 연습해서 배역에 연연해하지 않는 행인1 배역이라도 좋다. 인생 후반기, 무대에 서는 달콤한 꿈을 꾸어 본다. 큐코에 익숙해지는 내가 되어 보자.

2024. 6. 2.

성형

　TV를 틀면 예쁜 연예인들이 많이 나온다. 우리 나이의 눈에는 비슷비슷해서 누가 누군지 잘 모른다. 성형 미인인지 자연 미인인지 다들 예쁘다. 예전에는 유명한 가수들을 보면서 목소리는 타고났지만 얼굴이 예쁜 사람이 없다고, 세상은 공평하다는 말로 위안을 받기도 했다. 지금은 노래도 잘하고 얼굴도, 몸매도, 예뻐야 가수가 되는 것 같이 모두 다 예쁘다. 연예인뿐만 아니라 내 주위에서도 공공연하게 성형하는 걸 볼 수 있다. 시대를 앞서갔는지는 몰라도 친한 지인 중에 성형을 한 사람이 있었다. 부작용으로 성괴, 땡김이라는 별명을 얻기도 했다.

23년 전 큰아이가 대학 졸업반이고 둘째가 고등학교 2학년이었다. 고슴도치도 제 새끼는 다 예뻐 보인다고 한다. 예쁘지 않아도 귀여워 보이는 게 내 자식이다. 큰아이는 얼굴과 상관없이 열등감은 조금도 없고 자존감은 하늘을 뚫고 있었다. 본인의 마음은 모르지만 엄마가 보기엔 늘 자신감으로 넘쳐 있었다. 미대를 다녔는데 학비에 보탬을 주느라 부총학생회장을 하여 전액 장학금을 받기도 했다.

졸업을 하게 되면 취업은 필수였으니 면접을 해야 할 텐데 작은 눈이 마음에 걸렸다. 눈 때문에 콤플렉스를 느끼면 어쩌나 하고 초조해지는 엄마였다. 여름 방학을 맞아 미리 알아 놓은 병원에 두 딸을 데리고 갔다. 생각도 못한 두 아이는 도살장에 끌려온 것 같이 얼떨떨해하고 있었다. 여의도에 있는 안과는 비용도 저렴하고 쌍꺼풀이 자연스럽게 된다고 명성이 나 있는 곳이었다. 원장님과 면담을 하는데 당당한 동생과 달리 큰아이가 겁을 먹고 선생님 지금이라도 안 하면 안 되느냐고 물으니 동생은 안 해도 언니는 필히 해야 한다고 해서 웃음을 참을 수가 없었다. 서둘러 결제를 끝낸 뒤 둘을 병원에 맡기고 나는 가게로 갔다.

퇴근해서 집에 가니 딸 둘은 허연 붕대를 눈두덩에 매달고 외출도 못한 채 제비 새끼가 어미 제비를 기다렸듯이 재재대며 반갑게 맞았다. 첫날인데도 통증도 없다 했고 그다음 날부터 붓기가 빠지며 자연스러운 쌍꺼풀이 생겼다. 원래 눈꺼풀도 얇았고 젊고 야들야들한 피부가 한몫한 것 같았다. 친한 지인이 나의 용기를 두고두고 입에 올렸다. 공부는 내가 대신해 줄 수 없지만 잘 못 만들었으니 책임져야 한다고 말하곤 했다.

아이들은 사회생활을 하면서 눈에 대한 콤플렉스는 없어 보였다. 쌍꺼풀이 너무나 자연스러워 사람들이 코 성형을 했느냐고 묻지만 쌍꺼풀 수술한 것은 모르겠다고 하니 성공한 것이라는 생각이 든다.

지난 수첩을 열어보다가 2018년 6월 '성형'이라는 메모가 있었다. 66년을 살아내고 생애 첫 번째 성형이란 걸 한 날이었다. 가족이 함께 궁평항 나들이를 갔다. 다녀온 날 사진을 보고 남편은 내 눈꺼풀이 많이 처져 있다는 것이었다. 거울에 비친 내 눈은 세모꼴이었다. 사진을 찍을 때마다 서둘러 선글라스로 눈을 가리곤 했다. 남편의 한마디 말에 기회는 이때다 하고 처진 눈꺼풀을 잘라내고 상안검이란 수술을 했다. 초겨울 찬바람이 불기 시작하면 나의 의지와 상관없이 줄줄 흐르던 눈물이 감쪽같이 없어졌다. 미용이라 생각하고 했는데 눈물 치료도 되었으니 1석 2조 효과를 보아 너무 잘했다는 생각이 들었다.

남편은 예전의 선한 눈은 없어지고 눈을 크게 뜨면 무섭다고 했다. 6년 전 성형할 때 간호사 말이 떠오른다. 5년만 지나면 다시 해야 한다는 소리를 들었다. 그 당시는 내게 그런 날이 오지 않을 줄 알았는데 요즘은 눈꺼풀이 내려앉는 걸 느낀다. 아직은 아니지만 다시 눈물이 흐르게 되면 고려해 봐야겠다는 생각도 든다. 아무튼 좋은 세상이다.

잘못 성형하면 팔자가 바뀐다는 말도 있다. 두 딸은 쌍꺼풀로 이목구비 조화를 이루어서인지 눈에 콩깍지가 씌운 사위가 딸을 처음 만난 날 아우라가 보였다고 했던 말이 떠오른다.

이젠 둥지를 떠난 지도 한참이 되었지만 한 번의 선택으로 자신감 있고 당당하게 살고 있는 자식들이 보기 좋다. 남은 세월은 보톡스를 맞든 양악을 하든 몸매 관리도 자신들의 몫이다.

이제 성형이든 정형이든 내 걱정과 선택만 남아 있다. 사고는 깊게 판단은 빠르게라는 말이 떠오른다.

2024. 3.

사람 사는 이야기

포터블 롤리팝이란 간판을 걸고 장사를 시작한 지 올해로 16년째다. 역세권이라 하루에도 수많은 사람이 거리를 메우고 고객들이 우리 가게를 기웃댄다. 주인과 고객으로 만나 친해지는 사람도 있다. 시간이 남아도는 A, B 두 여인이 있다. A여인은 자식들이 미혼이지만 탄탄한 스펙을 쌓고 앞가림은 충분히 할 수 있어 보이는데도 다가올 미래에 대한 걱정을 달고 산다. B여인보다 금전적 여유로 치면 훨씬 넉넉하다.

B여인은 딸 하나인데 영어권에 유학 보내 배워온 실력으로 영어강사와 과외를 하는 딸의 수입으로 살아간다. 딸이 결혼을 했는

데도 병원비, 생활비, 방세까지 몽땅 지원을 받는다. 그래도 당연하다고 말한다. 미래에 대한 보장은 나라에서 주는 복지가 전부인데 헤픈 씀씀이로 늘 돈이 없어 쩔쩔맨다.

두 여인이 이혼 사유는 다르지만 홀로 사니 생각이 많은 것 같다. A여인은 의사 딸을 만들 때까지 이혼한 남편 몰래 뒷바라지를 했다. 오직 불만은 자식들이 바쁘다는 핑계로 전화도 잘하지 않고 무심하다는 거였다.

B여인은 우리가 보기에는 딸에게 빨대 꽂고 있는 것 같아 보이지만 딸은 하루에도 몇 번씩 엄마에게 전화하는 걸 볼 수 있다.

동생 같아 둘에게 가끔 듣기 싫은 소리를 하기도 하지만 누가 더 행복한지, 잘살고 있는지 정의를 내릴 수가 없다.

롤리팝의 물건이 고객의 눈에 들어 간택되어 팔려나가면 새로운 물건을 또 들여야 한다. 늦어도 일주일에 한 번은 도매 시장에 나간다. 젊을 때는 생계에 비중을 두어서인지 도매 시장에 나가는 것에 부담이 왔는데 요즘에 와서는 필요한 것을 메모하여 거래처 7~8곳을 휙 돌고 나면 머리 회전도 되고 운동도 된다. 여자들이 좋아하는 물건을 취급하니 갖고 싶은 것은 언제라도 저렴하게 구입해서 가질 수 있고 선물도 쉽게 하니 이 나이에 최애 직업이라는 생각이 든다.

사람이 살아가는 곳은 어디든 다를 바가 없다. 오래된 거래처는 참 많이 친하다. 유일하게 현금을 쓰는 곳이 도매 시장이다. 규모가 큰 도매 집은 카드를 쓰거나 계좌이체를 하면 부가세 10%를 물어야 하니 현금을 쓸 수밖에 없다. 현금이 부족하면 친하게 지내는 두건 파는 집에서 빌려 쓴다. 3만 원 빌려 달라면 5만 원 가져가라고 한다. 항상 그 자리서 현금을 쏴 주거나 돌아오는 지하철 안에서 보내주어 그날을 넘긴 적이 없으니 무한신뢰 사이다. 가끔 나한테 어울리겠다며 서비스로 챙겨주는 물건도 많다. 유일하게 국산 물건을 취급하는 진아라는(made in korea) 가방 집은 처음 거래를 할 때는 배짱 장사를 하는 것 같아 불쾌했는데 지금은 친해져서 괜찮다. 이월 상품을 파는 곳에 가면 갈 때마다 밥을 먹고 가라며 정을 내는 사장도 있다.

장사를 하며 유일하게 기억에 남는 사건이 있다. 작은 가게라도 집안 사정이 있다든가 일이 생기면 직원을 쓰게 된다. 남자 사장 혼자 하는 가게에 어느 날 채용한 점원이 일을 돕고 있었다. 바로 길옆 오픈되어 있는 가게라서 모든 걸 한눈에 볼 수 있는 곳이다. 사장이 없는 날 그 점원이 5만 원짜리 지폐를 청바지 뒷주머니에 넣는 걸 봐 버렸다. 어려 보이는 젊은 점원은 내가 본 걸 아는지 본인은 아내와 아이와 함께 어렵게 산다고 말했다. 그 일로 난 한

참 동안 고민에 빠지게 되었다. 그 뒤에도 주인은 성지순례로 며칠 동안 자리를 비우기도 했다. 고양이에게 생선을 맡기는 꼴로 보였지만 말을 할 수 없었다. 내가 잘한 건지, 잘못한 건지 누구에게도 말 못 하고 지금까지도 숙제로 남아 있다.

김홍신의 소설 「인간시장」이 자꾸만 떠오른다. 소설 속 내용과 맥락은 다르지만 오늘도 시장은 빠르게 돌아가며 사람 사는 냄새가 난다.

토요일 어제 아들네 세 식구가 와서 잤다. 일요일 아침 내가 밥을 해서 4명이 다 먹을 동안 며느리가 일어나지 않았다. 밥을 푸면서 생각한다. 말은 절제하고 쿨한 시어머니가 되리라 작정한다. 늦게 일어난 며느리한테 할 말을 고르고 골라 친정에 온 것 같다 하고 웃으며 말했다. 남편은 진심이었는지 알 길은 없었지만 더 자지? 왜 일어났느냐고 하니 며느리가 히히 편하게 웃는다. 남한테 다른 집 며느리가 그랬다는 말을 들었으면 고개를 갸웃하며 이해할 수 없다는 생각을 했을 수도 있을 것이다. 내 자식의 흉거리도 많은데 남이 사는 것에 대한 충고는 잔소리일 뿐이다. 사람이 살아가는 것에 정의와 정답은 없다는 생각을 해보는 날이다.

2024. 4.

팔랑귀

여행은 준비할 때가 가장 설렌다. 뮤지컬 '망대' 공연 날짜가 다가올 무렵 바쁜 와중에도 여행 이야기가 솔솔 나오기 시작했다. 머리도 식힐 겸 고생한 우리들에게 보상을 하자며 해외로 여행을 떠나자고 했다.

공연이 끝나고 수료증 받는 날 동고동락을 같이한 단원 모두는 이별의 아쉬움에 서운한 마음이 컸다. 여러 의견을 모아 졸업여행(?)은 제주도 3박 4일로 결정이 났고 최종 11명이 동행하기로 했다. 해외로 가면 언어나 지리에 미숙하니 가이드와의 동행은 당연하다 생각하며 받아들였지만 제주도는 몇 번 갔어도 패키지는 처음이었다.

　제주 항공을 탄 일행들은 소풍 가는 아이들처럼 들떠 있었다. 저녁 8시 제주에 여장을 푼 곳은 신신호텔이었다. 어쩌면 익숙하고, 촌스럽고, 정감이 가는 우리 나이에 걸맞은 호텔 이름이라는 생각을 했다. 첫날 저녁은 자유식이라 개인 경비를 갹출해 갈치조림을 먹었다.

　다음 날은 호텔 한식 조식을 먹고 아침 8시부터 제주 관광에 나섰다. 사람 다루는 능력이 탁월한, 30년 경력을 가진 여성 가이드가 함께했다. 가이드는 유학하는 자기 자식들을 내세우며 쇼핑을 해 달라고 달콤한 언변으로 유혹했다. 감귤 농장에서 감귤 따는 체험을 시키고 상황버섯을 팔았다. 3박 4일이라지만 가는 날은 밤에 도착했고 오는 날은 아침 비행기를 타야 했다. 딱 2일만 제주에 머무르게 되니 관광과 쇼핑으로 뺑뺑이를 돌렸다. 동양에서 가장 큰 동백 수목원 카멜리아힐은 볼 것이 많았다. 갈대숲과 꽃 속에서 사진도 많이 찍었다. 중국 서커스와 우리나라 민속춤 관람을 했고 어승생악을 경유했다.

　서귀포시 성읍 민속마을(장희빈 오빠 장희재 유배지)은 서귀포시와 주민이 함께 관리하며 척박한 땅에 월동 무를 키우고 억새 지붕 이엉에서 얻은 굼벵이 분말과 말뼈 분말을 팔았다. 해설사의 설명을 듣노라면 우리 몸에 없어서는 안 될 최고의 치료제와 보약이었다. 만병통치약이 될 것 같은 설명에 우리 일행의 맨 앞줄에 앉아 설명을 듣던 서너 분이 팔랑귀(큰손)가 되어 지름신이 되었다. 뒤에 앉은 우리 일행들은 팔랑귀 트리오라 이름 짓고 많이 웃었다. 해설사는 어느 여행지에 가더라도 민속촌을 이용하지 말고 민속마을에서 돈을 써 달라고 하는 말을 잊지 않았다. 우리나라 최남단 섬 마라도에 가서는 톳이 들어간 자장면을 먹었고 제주도에서만 할 수 있는 승마 체험을 하기도 했다.

면세점에서도 취급하지 않고 다른 지역에 없는 상품을 판매한다는 쇼핑센터에 우리를 내려놓았다. 말가죽으로 만든 가방 종류, 특히 백팩이 좋다고 말했다. 말가죽 벨트, 혈액순환에 좋다는 자수정 목걸이, 초음파 차단 반지를 사는 팔랑귀도 많았다.

마지막 스케줄은 사려니 숲 산책이었다. 일행 중 한 분의 추천으로 숲 산책을 포기하고 우리들 개인 경비로 에코 랜드를 관광하기로 노선을 변경했다. 에코 랜드는 30만 평의 테마파크로 되어 있다. 기차를 타고 환상의 숲 곶자왈(곶과 돌밭)을 체험하며 구경하는 곳으로 4개의 역이 있었다. 역마다 내려서 관광할 수 있고 10분 만에 다니는 열차를 갈아탈 수 있었다. 한정된 시간이라 아쉬움을 남기고 되돌아오는 열차를 탔다. 어둠이 내리는 숲길에 촘

촘히 박혀 있는 전등이 반딧불이처럼 고왔다.

  처음 경험해 보는 소금 족욕도 했다. 가는 곳마다 감귤, 한라산 고사리, 취나물, 미역 등 특산물을 팔고 있었다.

  여행을 할 때면 쇼핑 때문에 부담을 가지지만 또 가기를 반복한다. 쇼핑 때문에 젊은 사람들은 자유여행을 선호하는 것 같다. 가족들이 여행 경비를 주면서 쇼핑하지 말라고 당부해서 팔랑귀에 합류하지 않았다. 내가 부추기진 않았지만 지름신들이 여행사와 가이드를 먹여 살려 주어 눈치 보지 않고 여행할 수 있어서 좋긴 했다. 제주공항에서 오메기떡을 전해 받고 마른 고사리, 취나물을 사서 미리 택배로 보내긴 했지만 바가지 쇼핑이란 생각이 안 들어 편했다. 서울에 도착한 팔랑귀들이 며칠 뒤 후회한다는 소문이 나돌았다. 여행은 즐거웠지만 다른 팔랑귀들에게 미안했다. 가끔 팔랑귀가 되어 주는 것도 지역 경제를 살리고 복 짓는 것이라고 했던 가이드의 말이 귓가를 맴돈다.

2024. 11.

6월 6일 비요일

하늘도 슬프던가
비가 오면 삼천 원에 비닐우산을 팔고
해가 나면 모자를 판다
나막신 장수 아들과 짚신 장수 아들을 둔 엄마는
이래저래 마음이 편치 않을 것이다
우리 엄마는 편하겠다. 비가 오나 눈이 오나 팔 것이 있으니~
에고 장사아치 딸내미 땜에 지하에서 노하시겠다

인생의 멘토
살아가면서 많은 사람을 만나고 인연을 맺곤 한다
나도 저렇게 나이 들어야지 마음 씀이 곱게 넓게
이해를 하고 지혜롭게 곱게 익어가야지 하는 생각이

들게 하는 닮고 싶은 분들이 있다

간혹 나이 들어도 사사건건 트집을 잡고
철이 없는 분들을 가끔 만난다
화가 나지만 묶어서 같이 가기로 한다
범생 속에 미운 오리 새끼는 화젯거리를 물어다 주니까

2

당근

권력의 맛

 총선을 앞두고 정국이 시끄럽다. 국회의원을 몇 선 했다는 분, 탈당을 하고 여기저기 부나비가 되어 옮겨 다니는 분 등 의원 배지를 달고 싶어 경쟁이 치열하다. 권력의 맛이란 우리의 상상을 초월한다. 아부와 비리 한번 물었다 하면 놓지 않는 중독성도 있다고 한다. 권력에는 갑질도 공공연하게 만연하는 것 같다. 세계 정세, 우리나라 정세를 떠나서 우리 소시민의 생활에도 스며 있는 일명 '백'이란 것도 있다.
 정성이 담겨 보이는 택배가 왔다. 얼마 전 일이다. 남편 친구가 개인병원 내과원장이라 우리 부부는 몸에 탈이 나면 무조건 친구

병원으로 달려간다. 진료가 없고 약만 받아 올 때는 전화로 처방전을 받는다. 병원은 4층, 약국은 같은 건물 1층에 있어 병원에서 해 준 처방은 항상 그 약국을 이용한다. 평소 약국에 가면 불친절해서 이미지가 좋지 않은 곳이다.

그날도 전화로 처방전을 받은 날이다. 남편이 약을 찾으러 갔는데 처방전이 안 내려왔다고 했단다. 그럴 리가 없다고 하며 남편이 그 자리에서 친구한테 전화를 걸었단다. 보기엔 나이 든 남자 환자일 뿐이었는데 병원 원장과 친한 친구인 걸 확인한 약사는 끼고 있던 마스크까지 벗고 서비스로 드링크를 2병이나 주며 태도가 180도 달라졌다고 한다. 항상 환자로 북적이는, 명의로 소문난 친구 병원이다. 아마 병원에서 나오는 약 처방전으로 약국 경영을 하고 먹고사는 약국일 것이다. 그날 처방된 약이 떨어져 택배로 보내 왔는데 예전에 받은 성의 없는 택배와는 확연히 달랐다고 한다. 포장도 꼼꼼하게 하고 단단한 박스로 보내 왔다고 했다. 밥줄일 수도 있지만 평소에 잘했으면 그런 씁쓸한 기분은 아니었을 것이다.

대구에서 서울로 이사 온 80년대 초 어느 날 시어머니가 올라오셨다. 좁은 단칸방인데 시아버지와 다투고 올라와서 도통 내려가실 생각을 안 하셨다. 어느 날 시어머니가 사라진 것이었다. 담

벼락에 앉아 해바라기를 하던 동네 아줌마들이 시어머니를 맞벌이하는 젊은 부부의 집을 소개해 주어 갓난아기를 보러 간 것이었다. 지금 생각해 보면 나이도 50대 중반이었고 충분히 일할 나이었는데 그때는 남의 집에서 일한다는 게 너무 싫었고 자존심이 허락지 않았다. 그 사실을 안 남편은 더더욱 길길이 뛰며 어머니를 하루도 안 되어 데리고 와 버렸다.

주인집에는 평생 남의 일을 하며 살아온 시어머니가 계셨다. 그때만 해도 여자가 남 밑에서 막일을 하는 것에는 편견이 있었다. 오죽하면 이렇게 사나 하는 생각이 많이 자리하고 있었다. 주인집 시어머니와 우리 시어머니는 동갑이어서 친구처럼 지냈다. 주인집 할머니는 아들 하나 키웠는데 아들, 며느리한테 대우도 못 받고 갈등이 깊어 있었다. 시간만 나면 며느리는 시어머니를 시어머니는 며느리 흉을 보았다.

주인집 시어머니가 우리 어머니를 일하는 직장에 소개시켜 주어 함께 다녔다. 알고 보니 명동 롯데백화점에서 화장실 청소를 하는 것이었다. 얼마나 다녔는지 기억은 없지만 며칠이 지나고 나서 주인집 아주머니가 내게 전해 주는 말이 우리 시어머니를 그렇게 흉을 본다는 거였다. 직장의 화장실에서 두루마리 휴지를 가져온다고 심통을 부렸다고 했다. 내가 알기로 그 할머니는 항상 휴지를 가져다 쓰고 있었다. 두 분 다 그러면 당연히 안 되는 일이었다. 어쩌면 직장 선배인 그 할머니가 하는 대로 따라 할 수도 있었겠다는 생각이 들었다.

  화가 치밀어 들을 수가 없었다. 있어도, 있을 수도 없는 일이란 생각이 들어 맥을 끊어야 해결될 것 같았다. 다른 곳에 혼자 살다가 나중에 아들네에 온 할머니는 뒤쪽 삼각형으로 된 쪽방에 살고 있었다. 겨우 30살의 젊은 새댁인 내가 할머니를 불러내어 따졌다. 똥 묻은 개가 겨 묻은 개 나무란다고 어쩜 그럴 수 있느냐고 조목조목 따졌더니 아무 말도 못하고 할머니의 며느리에게 불똥이 튀었다. 우리 시어머니는 직장을 그만두고 대구에 내려가셨다. 그 할머니는 새파란 셋방 사는 당돌한 새댁에게 무안을 당했으면서도 효부라고 추켜세우며 우리 시어머니를 부러워하는 아이러니한 사건이 되었다.

  40년이 넘어 그분들도 고인이 되셨다. 예전이나 지금이나 만연하는 권력과 갑질, 씁쓰레한 마음은 지울 수가 없다.

2024. 3. 1.

살아 보니

작곡을 둘이서 함께하는 젊은 작곡가가 있다. 큰딸 숍에 자주 놀러 온다는 말을 들었다. 이름 생각이 안 나 '알고 보니 혼수상태'란 팀 이름을 '알고 보니 기절초풍'이라 말하고 나니 어딘가 어색했다. 가끔 단어나 사람 이름이 떠오르지 않아 답답할 때가 많아진다. 기절초풍이라 말한 나 때문에 우리 부부는 한참을 웃었지만 나이가 들며 둘 다 별반 다를 게 없다.

샤워를 하는데 파란색 물이 타일 모서리를 타고 내렸다. 이게 뭐지 하고 자세히 보니 눈높이 삼각 선반 위에 Himalaya herv(히말라야 허브)라고 쓰인 4개의 똑같은 병이 놓여 있다. 남편은 샴푸,

린스, 바디, 바디로션이라고 유성 매직으로 크게 써 놓았는데 샤워부스에 서리는 김과 물에 씻기어 파란 물이 되어 흘러내리는 것이었다. 병에는 작은 영어로 도배가 되어 분간이 안 되는데 크게 쓴 글씨를 보고 찾아 쓰니 사용할 때마다 고마운 마음이 들곤 한다. 빨간색 펜이었으면 핏물처럼 되어 흐를 뻔했다는 생각을 했다. 닳아진 파란 세숫비누를 분홍 새 비누 위에 업어 한 몸을 만들어 놓았을 때 작은 감동을 받은 게 떠오른다. 둘만 사니 소소한 것에 행복이란 이름을 붙여 본다.

지난여름 일본 오사카 여행을 하기 위해 이른 아침 집을 나섰다. 우리 아파트는 한 라인에 4가구가 살고 있다. 서로 현관이 보이지 않은 구조라 이웃을 만나기가 좀체 어렵다. 해도 뜨지 않은 시간에 엘리베이터를 기다리는데 앞집 부부가 캐리어를 끌고 나타났다. 갑자기 양쪽 캐리어를 마주했으니 처음 보는 사이였지만 서로가 어디 여행 가느냐고 묻게 되었다. 이사 온 지 11년이 되었지만 처음 만나는 것이었다. 오사카 간다고 했더니 앞집 부부도 오사카로 간다고 했다. 난 자유여행, 그 부부는 패키지로 간다고 했다. 비행기 시간이 다르지만 출국도 입국도 같은 날이고 여행 노선도 같아 신기하기도 했다. 짧은 만남이긴 했지만 연배도 비슷하고 친한 이웃이 되고 싶었지만 기회가 없었다.

또 세월은 속절없이 흘러갔다. 얼마 전 우연히 엘리베이터 앞에서 앞집 부인을 만났다. 혹시 책을 좋아하느냐고 물으니 너무 좋아한다는 것이었다. 급히 내 책 한 권을 들고 나와 전해 주었다.

며칠 뒤, 앞집 부인이 찾아왔다. 시골에서 금방 짜서 보낸 거라며 참기름 한 병과 검정콩을 가지고 왔다. 하루 만에 책을 다 읽었는데 이제야 찾아왔다고 했다.

내 책 2권을 다 읽고 나더니 책을 들고 와서 사인을 해 달라고 했다. 그 마음이 너무 고마웠다. 본인도 글 쓰는 걸 좋아하지만 마음만 있지 잘 안 되었다고 하며 엄청 부러워했다. 어쩜 그렇게 부지런하냐고? 본인의 게으름을 탓하는 것이었다. 쑥스럽기도 했지만 뿌듯하기도 했다.

옛 어머니들이 내 살아온 삶은 소설 몇 권을 쓸 수 있다고 입버릇처럼 말하곤 한다. 할 말 다 못하고 산 여인네들이 속으로만 삭인 걸 생각하면 조금이라도 표현하고 뱉어 낼 수 있는 내 글을 쓸 수 있어 감사하는 마음이 들었다. 살아온 걸 후회하고 돌이킬 수도 없지만 토닥토닥 내게 칭찬을 해 준다. 글을 쓰는 과정에 게으름도 피우고 허송세월을 보낸 적도 많다.

일본에서 큰 화제가 된 90세에 시를 쓰기 시작해 본인이 죽으면 장례식 비용으로 시집을 만들어 달라고 유언을 하고 자식이

유언을 받들어 만들어진 시집 『약해지지마』의 저자 100세 시인 시바타 도요가 떠오른다.

지금 늦었다고 아무것도 하지 않으면 그건 엄살이며 귀찮음을 숨긴 핑계다. 볼 때마다 부지런하게 살았다고 추켜 주는 앞집 부인의 말을 들어 봐도 뭔가 생각이 있으면 나중에 후회하지 말고 도전해야 하는 게 맞다는 생각이 든다. 나의 글쓰기가 지나고 보니 남에게는 부러움의 대상이 되었다. 내 책은 나를 알리는 얼굴이고 살아온 삶을 보여 주는 것이다.

살아 보니 과정보다 결과를 보고 남들은 잘 살았다고 한다. 요즘은 소소한 일상에 감사하고 하루하루가 너무나 소중함을 느낀다. 행복은 멀리 있지 않았다. 서로 부족한 걸 채워 주며 살아가는 부부간에도 '미안해' '감사해'를 자주 쓰려고 노력한다. 한 우물만 파야 끝이 있다는 말도 있지만, 하나의 길만 남았다고 생각할 때부터 비극은 시작된다는 말도 있다.

100세, 110세 시대라고 하는 요즘 시니어들의 배움터도 많이 있다. 늦은 감은 있지만 한 번 더 작은 발걸음을 내디뎠으니 열심히 해 보련다.

2024. 3.

당근

 배민이란 약자는 배달의 민족이라고 한다. 우리나라처럼 배달 체계가 잘되어 있는 나라도 없다고 한다. 핸드폰에 대고 손가락 하나로 필요한 것을 주문만 하면 새벽이든, 언제든 원하는 시간에 물건이 현관에 척 하고 도착해 있다. 참 편리한 세상에 살고 있다는 것을 매번 느끼고 있다. 호기심 많은 남편은 3년 전에 딸한테 당근마켓이란 앱을 배워서 핸드폰에 깔았다. 당근은 중고 물품을 사고파는 곳이다. 핸드폰에는 쉴 새 없이 당근! 당근! 하는 신호가 온다. 당근에 올린 물품을 종일 검색하고 마음에 드는 물건이 있으면 쏜살같이 달려 나간다. 잡다한 물건이 쌓이기 시작했다.

운동기구, 주방용품, 식품, 어느 날은 귤을 사 왔다. 눈으로 보기에도 상품 가치가 전혀 없었다. 개수도 많지 않고 작고 시들어서 볼품이 없었다. 클래식 음악을 듣고 자란 유기농 귤이라고 해서 샀다고 했다. 아내의 비난이 만만치 않게 시작되었다. 그러고부터는 물건을 사서 감춰 놓고 있다가 슬그머니 내놓기도 했다. 한번은 어딜 가다가 잠깐만 하고 차를 세우더니 어떤 남자를 만나 종이 쇼핑백을 받아 왔다. 손자를 위해서 하늘에 띄우는 연 세트를 산 것이었다. 안에는 방패연, 가오리연을 만드는 재료가 들어 있었다. 그걸 살 때는 손자와 함께 연을 만들 꿈에 부풀어 있었을 텐데 만들지도 못하고 쓰레기통으로 직통하기도 했다. 튀김기를 사 왔는데 자세히 읽어 보니 사은품으로 받은 걸 되팔았던 것이다. 처음에 당근에 취미를 붙일 때는 2주 연속 우수회원이란 문자가 뜬다고 자랑삼아 얘기를 한 적도 있다.

  많이 버리기도 했지만 아직도 여기저기 물건이 남아 있다. 나이가 들면 버려야 하는데 자꾸만 사들인다고 잔소리를 했다. 지난 추석에는 당근에서 사 놓은 미키마우스 운동화를 외손녀 가원이에게 신으라고 했더니 일언지하에 거절을 당해서 임자 잃은 신발이 되어 신발장에 묵혀 두게 되었다. 어떤 사람들은 취미 삼아 하게 그냥 두라고도 했다. 내 눈에는 쓸데없는 물건이 남편 눈에는 좋아 보였나 보다 하면서도 자꾸만 화가 났다. 한 사람은 사고 한 사람은 버리기를 반복했다. 듣기 싫었는지 아니면 살게 없는지 당근에서 손을 뗀 것 같았다.

  일요일 휴일인데 마트에 가서 쇼핑할 게 있다고 했더니 가지 말고 쿠팡에서 사 준다고 하면서 검색에 들어갔다. 당근마켓에서 쿠팡으로 갈아탔다고 했다. 며칠 전에는 신세 진 사돈에게 드릴 안동소주와 육포를 시키기도 했다. 월 2900원만 내면 택배비가 무료라고 한다. 세일 하는 물건을 찾고 최저가를 검색한다. 세탁 세제와 섬유유연제를 시키면서 날 위해서라고 하길래 내 빨래만 하느냐고 했더니 아 그렇구나 한다.

  병원 의사 선생님이 약 처방을 해 주면서 약 외에는 아무 약도, 약초 끓인 물도 못 먹게 했다며 생수를 사서 베란다에 높이 쌓아 놓기 시작했다. 생활필수품은 넉넉하게 사들여서 편하기는 하다. 당근보다는 쿠팡이 낫다고 하니 신나서 사들인다. 옷이나 장신구는 아니니 다행이라고 생각했다. 부부가 오래 살다 보니 남녀가 바뀐 것 같기도 하다. 자식들도 상품권이나 포인트가 생기면 아빠에게 준다. 나보다 훨씬 이용을 잘한다는 것을 알고 있는 것이다. 동네 마트에서 생기는 포인트는 온 가족이 아빠 몰아주기를 한다. 1 플러스 1, 내일까지 써야 받을 수 있다느니 하면서 꼼꼼하게 챙기니 믿을 수도 있다. 오늘 아침에 현관문을 여니 세탁세제와 섬유유연제 2박스가 와 있었다. 어찌나 무겁던지 끌어들이면서 이렇게 해도 되는 건가? 혼자 속으로 택배 기사의 고충이 느껴져서 미안했다.

　당근마켓을 알고부터 '당근과 채찍'이 떠올라 궁금해서 찾아보았다. 당근과 채찍이라는 표현은 회유와 위협을 동시에 사용하는 방법이라고 나온다. 나귀에게 당근을 주기도 했다가 채찍으로 길들이기도 했다는 것이다. 잔인하다는 생각도 들었다. 당근과 채찍은 다양한 곳에서 쓰이는 모습으로 나온다. 사실 사람들에게도 동기 부여가 될 수 있는 당근과 채찍이 필요하다고 한다. 당근을 만든 창시자의 깊은 뜻은 모르지만 많은 고심 끝에 나온 것이라는 생각이 들었다. 우리의 생활도 마찬가지다. 느슨해졌다가 조였다가 하면서 살아가는 것 같다.

　당신 근처라는 약자로 당근이란 이름을 지었다는데 사기만 잘하는 남편은 절반만 충실한 고객인 것 같다. 쿠팡도 궁금해서 찾아보았다. 쿠팡은 당일배송, 로켓배송이라 나온다. 한편에는 방구석 쇼핑이란 말도 있다. 너무 편한 쇼핑으로 예전 5일장, 재래시장이 그리워질지도 모른다. 세월은 참 빠르게 변했다. 우리의 아버지 어머니 세대에 장바구니 문화는 꿈도 꿀 수 없는 세상이었다. 아이들 어릴 때 우리 세대만 해도 배달이라면 고작 중국집 짜장면 정도가 전부였다.

  딸들이 우리 집에 오는 날이면 입에 딱 맞는 커피집이 있다고 커피를 배달시켜 먹는다. 잔소리하는 엄마 때문에 눈치를 본다. 아빠와는 쿵짝이 맞아 어느새 커피를 시켜버린다. 훗날 엄마를 기억할 때면 문화 차이나는 막힌 엄마로 기억할지도 모른다. 남편은 먹고 싶은 반찬을 주문하고 싶은 날은 장바구니에 담아 놓았으니 내무부 장관한테 최종 결정을 기다린다고 하기도 한다. 당근이든 쿠팡이든 좋은 세상에 살고 있어 좋긴 하지만 너무 편해도 되나 하는 생각이 살짝 들 때도 있다. 오늘은 퇴근하니 현관에 남편이 시킨 미역귀가 와 있다. 포장을 뜯으면서 말했다. 반찬으로 먹을 테니 내일 아침에 튀겨달라는 주문을 받았다. 그래, 해 준다. 난 주부지!

2021. 11. 30.

망대 1

나이를 의식하고 살지는 않았지만 70을 넘기면서 취미생활 한 가지를 더하고 싶다는 생각을 했다. 지인이 아무런 설명도 없이 뮤지컬 입장권을 보내 왔다. 일면식도 없는 배우들의 창작극을 관람하며 탄탄한 스토리와 구성에 매료되었다. 관람을 하고 난 뒤 지나가는 소리로 주연이 아닌 조연 거지(각설이)역이 제일 돋보였다고 했다. 그 소리를 들은 지인이 다리를 놓아 대표 겸 연출가와의 만남이 성사되었다.

토요일 12시부터 2시간 연습이라는 소리를 듣고 시작했는데 날이 가고 달이 갈수록 요일에 상관없이 연습 횟수는 늘어나고 무대에 올리는 날짜도 엿가락 늘어지듯이 길어져만 갔다. 주 2시간인 줄 알았고 6월에 무대 공연이 있다더니 기초도 안 된 상태로 날짜만 잡아먹고 있었다.

대표는 느닷없이 7월 3일 잠실실내학생체육관에서 공연이 잡혔다는 통보를 했다. 2개의 안무를 연결해서 하는 연습을 해야 한다. 몇십 년 굳어진 몸은 풀릴 기미가 없었다. 대표는 공연 직전까지 단원들을 몰아세웠다. 공연은 대성공이었다. 무대에 섰다는 자신감이 붙었다.

여러 번 본 공연 날짜가 변경되고 10월 11~12일 3회 공연으로 최종 날이 잡혔다. 몇 번의 연습실을 옮겨 다니면서 빡센 지옥 훈련이 시작되었다. 토, 일요일은 물론 공휴일, 빨간 날, 추석 명절도 거의 반납하고 연습을 거듭했다. 50대에서 80세까지의 단원들로 구성되었는데 힘든 여정이었다. 망대 연습 외엔 다른 건 생각할 틈을 주지 않았다. 나의 가게는 침묵 속에 닫혀 있고 집안일도 할 수가 없었다. 그렇다고 발을 뺄 수 있는 상황도 아니었다. 한 사람의 단원이 빠지면 그만큼 피해를 줄 수도 있고 중간에 빠진다는 것은 말도 안 되는 일이었다. 수시로 안무가 바뀌고 연기가 변경되고 1시간 40분짜리 공연에 16장을 해야 하는 작업인데 하루 종일 해도 전체 리허설을 할 수 없었다. 2장을 하다가, 6장을 하다가 연기가 연출가의 눈에 들지 않으면 그 장에 붙들려 완벽하게 하려 하니 진도가 나가지 않는다. 나머지 단원들은 긴장하고 기다리는 수밖에. 그 와중에 시청 앞 광장에서 40분짜리 공연이 잡혔다. 망신당하지 않고 잘해야 한다며 연출가는 부담을 주기 시작했다. 서울시장상 대상을 받기는 했지만 마냥 좋은 것도 느슨할 수도 없었다.

배역이 주어졌지만 남의 일인 양 흐느적거리며 시간만 때우고 있었다. 단 1분도 안 걸리는 대사를 외우는데도 긴 시간이 필요했다. 몸치, 음치, 박치가 타의에 의해 조금씩 극중의 인물로 살아나가고 있었다. 다듬어 간다는 것이 바른 표현이 될 것 같다. 내가 해야 할 배역은 전체 안무 3개, 대사가 있는 장이 5개였다.

대사와 연기 안무가 어우러져 각자의 배역을 소화해야 한다. 나이 80을 바라보는 연기 선배들 몇 분은 아직도 업체를 운영하니 전화는 수도 없이 울려대고 거기에 일일이 대응하며 연기 수업도 하는 대단함을 보였다.

'망대'란? 인간은 누구나 각자의 망대를 세우고 살아간다. 1970년대 20대의 젊은이들이 파랑새란 하숙집에 모여 살았다. 50년을 각자의 삶을 살다가 젊은 시절 약속대로 70대가 되어 다시 만나 살아온 걸 풀어놓으며 전개되는 내용이다. 돈, 권력, 명예를 좇지만 살아 보니 인생 거기서 거기, 광대 인생, 다시 세운 망대로 16

장의 막을 내린다.

　뮤지컬의 연출은 무대에 올리기 직전까지 고치고 다듬고 좋은 극을 보여 주기 위해서 노력한다. 단원 모두는 성별, 직위, 신분, 나이도 잊은 채 연출가에 의해 꼭두각시가 되어 갔다. 대사, 연기, 안무가 씨줄 날줄이 버무려져 극이 완성되는 것이다.

　드디어 막이 오르고 650석 3회 공연에 2천석 만석을 채우고 계단까지 앉는 이변을 낳았다. 매 장마다 박수 소리가 터지고 꽃다발 속에 묻힌 주인공이 되어 더없이 행복했다. 연출가는 잔소리꾼이 아닌 천재였다.

　우연과 인연은 예기치 않게 찾아온다. 6살 외손녀 가원이가 아역 배우가 되어 할머니와 함께 무대에 섰다. 7개월 배운 할머니보다 더 나은 센스와 끼를 보인 가원이와의 추억을 쌓고 함께여서 더욱 행복했다.

　일주일 뒤 서울 시니어 지정 배우증과 수료증을 받았다. 내년에는 '거인'을 무대에 올린다고 한다. 참여할지는 아직 미지수다. 2024년은 오랫동안 기억할 뮤지컬 망대로 한 점을 찍었다. 인생 후반부 나의 망대는 뮤지컬로 장식해 본다. 날 위해 축하해 주러 어려운 발걸음을 한 모든 분께 진심으로 감사드린다.

2024. 10.

망대 2

 바쁜 생활 속에 또 뮤지컬이라는 게 내 생활 속에 들어와 있었다. 문화센터나 복지관에서 하는 동아리 수준이라고 생각한 것은 오산이었다. 나이 들어 돈 내고 혼나는 곳은 여기뿐이라는 우스갯소리를 하면서도 꾸역꾸역 연습실을 가야만 했다. 개인의 자유는 없었다.

 공연을 목전에 두고 9월 말 10월 초에는 퐁당퐁당 공휴일이 계속되면서 단원들의 연습 강도는 세어졌다. 부득이한 사정으로 연습에 빠지는 단원이 있으면 연출가의 입에서 거침없이 나오는 '빼 버린다' '잘라버린다' '없어도 돼'라는 말은 너무나 쉬운 꽃노래였다. 그 잔소리는 연습에 참석한 단원들이 들어야 하는 몫이었다.

안무를 했다가 느닷없이 대사 연기를 지도하기도 했지만 독재자 연출가가 하라는 대로 하는 수밖에 없었다. 중급반과 신입 6기 반이 어우러져 젊은 골드 반과 나이든 다이아몬드 반으로 갈라져 연습했다. 전체 안무는 3개였다. 골드 반은 춤 담당, 다이아몬드 반은 주로 연기를 하기로 되어 있다. 연출가는 눈 깜빡이고, 하품 하나 하는 것까지 세심하게 지도하였다. 술 취한 연기나 다리를 저는 장애인 연기는 배우들이 함께 연구하며 연습하기도 했다. 배우 24명을 모두 주인공으로 무대에 올리는 작업은 뮤지컬계에서는 가히 최상이 아닌가 하는 생각을 했다. 지나고 보니 입에 쓴 약이 몸에 좋은 보약이 되었다.

젊고 유능한 안무 교수지만 시간제로 와서 지도하고 떠나면 안무도 뒤죽박죽 엉망이고 골드 반은 새로운 안무를 다시 짜기도 했다. 칼 군무는 최대한 동작을 크게, 일치감이 되어야 한다고 수백 번 귀에 딱지가 앉도록 들었다. 그렇지만 나이 든 다이아몬드들의 삐걱대는 몸은 동작이 쉬울 리가 없었다.

드디어 본 공연의 날이 왔다. 1장은 전체 군무로 상의는 하얀 남방에 멜빵을 하고 바지는 무지개 컬러로 골고루 맞추어 입었다. 평균 나이 68세 안무 교수의 소개가 끝나고 막이 오르면 워킹을 시작한다. 갑자기 소나기를 피하며 '승패 없는 게임'이란 노래와 함께 군무를 춘다.

끝나고 나니 우레와 같은 박수가 공연장을 메웠다. 좀 더 잘해야겠다는 다짐을 하며 다음 장을 준비한다. 내 경우만 해도 총 7번의 옷을 갈아입어야 하니 대기실은 온통 난장판이고 아수라장이다.

내게 주어진 역은 20대 파랑새 하숙집에 함께 모여 살 때 서울대에 다니는 운동권 학생을 사랑하여 옥바라지까지 했다. 그런데 출소 후 말없이 사라져 버린 것이다. 오직 그 한 남자만 그리며 노처녀로 살다가 50년이 흘러서 그 남자를 찾아 70세 나이에 결혼식을 하는 역이었다. 어쩌면 해피엔딩으로 마무리하는 역이라 할 수 있다.

평소에는 입을 수도 없는 웨딩드레스, 면사포, 화관, 안무 옷, 칼라 정장, 그 외 의상, 소품들을 사들이고 충실히 연습을 이어갔다.

10장 〈사랑은 길지가 않더라〉에서 나랑 함께 연기한 주인공 국애는 파랑새 하숙생과 눈이 맞아 결혼하여 떠나고 50년이 흐른 뒤 다시 파랑새 하숙집을 찾아왔다. 국애가 결혼할 때 내가 동네 담장에 올라 장미를 꺾어 부케를 만들어 선물했다고 이야기하는

신(scene)이 있다. 그 신에서 할머니 모두가 앉아서 하는 대사가 지루하다 하여 연출가는 나를 일으켜 세워 단팥빵을 먹으면서 연기하는 신을 추가했다. 연습 때마다 호빵, 꿀빵, 닥치는 대로 빵이 사용되었다. 집에서 기다리는 우리 남편은 빵을 사러갈 시간도 없는 아내를 위해 동네를 돌며 크고 진한 갈색 단팥빵을 사다 놓았다.

13장 〈지금 이 시간〉은 기환을 찾아가서 만났지만 알코올 중독자가 되어 폐인이 되어 있었다. 친구 갑부는 미국에서 돈을 많이 벌어 귀국했지만 시한부 인생이라 곧 떠나게 되는데 기환이에게 너는 아직 기다려 줄 시간이라는 희망이 있다는 노래를 부른다. 내내 우는 역이었는데 가사가 너무 슬퍼 진짜 울기도 했다. 배우들은 실명을 사용해 더 기억에 남는다.

공연 보름을 남겨 두고 아역이 필요해서 6살 외손녀 가원이가 합류했다. 대표는 가원의 예술 끼가 천재라고 했다. 내게는 그 말이 무엇보다 보람되고 행복했다.

우여곡절 끝에 망대는 무대에 올려졌고 청첩장을 돌리듯이 지인들을 초대했다. 결과는 예상외로 좋았다. 극을 보는 내내 웃고 울었다는 지인들, 큰딸 친구들은 엄마의 용기와 도전에 진심으로 큰 박수를 보낸다며 공연 후기를 멋지게 써서 보내 주었다.

가원이 친할머니 안사돈은 극이지만 결혼 한번 더해 좋겠다고 농담을 건넨다. 관람객 중에는 가원이에게 사인을 해 달라고 해서 놀라기도 했다. 나이 들어가며 누군가는 희망을 말하고 버킷 리스트를 정하기도 하지만 난 그런 건 생각도 안 했는데 우연히 주어진 기회를 용케 잡아 한 해가 행복했노라고 말하고 싶다. 결혼식 하는 장면이 있어 웨딩드레스에 맞춰 신겠다고 굽 높은 하얀 에나멜 구두를 샀는데 바꿔 신을 시간을 놓쳐 신어 보지도 못한 구두가 신발장 안에서 때를 기다리듯이 날 쳐다보고 있다.

2024. 10.

진도 천 리

순천만 습지대에 천연기념물인 흑두루미 칠천 마리가 역대 최다 진객으로 몰려와 화려한 군무를 펼친다고 한다. 몇 개월 전 가 본 데라 흑두루미의 날갯짓이 보이는 듯 생생히 떠오른다.

지난해 5월 남편의 칠순에 맞추어 가족여행을 떠났다. 충북 음성 백야리 휴양림에서 1박을 하고 부근에 있는 감우재 전승 기념관을 구경하고 아이들은 서울로 떠났다. 우리 부부는 진도로 갔다가 대구를 거쳐 돌아온다는 일정이었다. 진도에 사는 동생한테 떠나기 2주 전쯤에 진도에 간다는 약속이 미리 되어 있었다. 전라도로 노선을 잡고 출발하면서 동생한테 전화를 하니 받지를 않는다.

몇 번 시도를 했지만 안 받으니 난감했다. 속은 타지만 엎어진 김에 쉬어 간다고 인터넷 검색을 해 순천만 국제정원박람회에서 원 없이 꽃구경을 하고 순천만 생태 습지대를 둘러보다 보니 해가 뉘엿뉘엿 넘어가고 있었다. 그때까지 동생에게 수차례 전화도 하고 카톡도 보냈지만 연락이 닿지 않았다.

  모처럼 계획한 남편과 둘만의 칠순기념 여행인데 내가 아는 동생이라 남편에게 미안한 마음이 들기도 했다. 습지대를 나온 우리는 당장 묵을 숙소와 주린 배를 채워야 했다. 지방 어디를 가도 맛집은 널려 있다. 순천의 꼬막 정식집을 찾아든 우리는 그래도 만족한 식사를 했다. 연락이 안 닿으니 진도는 포기하고 컴컴한 밤 쓸쓸한 이방인이 되어 여수로 가서 숙소를 잡기로 했다. 꼬막 정식집 주차장에서 마지막이다 생각하며 전화를 넣었더니 신호음이 조금 울리니 찰칵 전화를 받았다. 이보다 더 반가울 수가! 언니 이 시간에 웬일이냐고 도로 물어왔다. 집안에 큰일을 당해 약속을 까맣게 잊어버리고 전화기 벨을 무음으로 해 놓았다는 것이었다.

  순천에서 진도를 향해 낯선 길을 떠났다. 조금 전 암담했던 마음과는 달리 좋은 기분은 배가 되었다. 진도대교를 들어서고도 꼬불꼬불 낯선 밤길을 내비를 켜고 하염없이 가야 했다.

자정이 가까워 소포리에 도착했다. 늦은 시간인데도 동생의 남편이 우리가 온다는 소리를 듣고 살아 꿈틀대는 낙지를 구해 늦은 밤에 낙지 요리를 해 주었다. 같이 살고 있는 구순의 노모는 젊을 때 약국을 했고 시아버지는 진도의원을 했던 분이라 땅도 없고 고기잡이배도 없다고 했다. 밤늦게 도착했지만 금의환향한 듯 많이 준비해 간 선물을 안기니 미안한 마음이 덜했다. 60 중반의 동생은 진도에서는 젊은 층에 속해 많은 일을 하고 있었다. 그다음 날 동생은 시간을 쪼개 진도 투어에 함께 나섰다.

5월의 하늘은 파랗고 햇살은 영롱하게 빛났다. 처음 간 곳은 운림산방(구름수풀)이었다. 동생의 시댁은 예전에 운림산방 뒤쪽에 선산이 있고 조상이 많은 땅을 가지고 있었다고 설명했다. 운림산방에 들어서니 잘 가꾸어진 나무, 아름다운 연못, 구름도 쉬어 갈 것 같은 경치에 탄성이 절로 나왔다. 운림산방은 산책하기 좋은 창경궁을 닮았다고 한다. TV에 방영하는 진품명품 프로를 볼 때 소치 허련의 작품이라는 소리를 자주 들은 기억이 있다. 그 유명한 허련의 그림이 여기에 있었다. 작대기 그림을 직접 볼 때는 가슴이 벅차올랐다. 소치 손자 남농(南農)의 소나무 그림은 한국 100선에 든다는 해설가의 설명도 들었다.

신안으로 가는 1시 20분 배를 기다리며 '속삭이는 바다'라는 이름이 예쁜 식당에서 장어탕을 먹었다. 바다는 잔잔했다. 손가락 섬, 혈도, 송도, 암사자, 수사자 모양을 한 섬들이 뱃전에 부딪히는 물보라에 밀리면서 저 멀리 멀어져 갔다. 전설의 섬 동백섬, 장도 섬과 가사 섬은 베트남의 하롱베이를 닮았다고 친절하게 방송을 해 준다. 신기하고 아름다운 바다를 보고 배에서 내리니 일을 끝낸 동생 남편이 우리를 기다리고 있었다. 4명의 여행객은 섬바라기 돌탑, 세월호 참사 해역의 진도항, 미스트롯 진 송가인 집, 아리랑 마을 장구모양 집, 해안가를 돌며 골고루 구경시켜 주었다. 참 고마운 동생 부부였다. 진도에는 진돗개 황구, 백구, 흑구가 있고 진도 홍주가 있다. 진도는 우리나라에서 제주도, 거제도에 이어 세 번째로 큰 섬이다.

알찬 2박 3일의 진도 투어를 끝내고 선물할 진도 명품 곱창 김을 한 아름 사고 알 굵은 전복을 선물로 받아 목포를 거쳐 대구로 향했다. 열 번 듣는 것보다 한 번 보는 것이 훨씬 기억에 남는다(백문불여일견), 경험은 최고의 스승이다,라는 것을 이번에 또 깨달았다.

남동생 집에 여장을 푼 우리는 선물로 받아 온 전복을 날것, 구이로 맛있게 먹으면서 진도 여행기를 풀어 놓았다. 그 뒤 동생은 진도 전복이 너무 좋았다고 살 수 있느냐고 물은 적이 있다.

처음 기대에 부풀어 있다가 연락이 안 닿아 답답했는데 진도라는 천 리 길을 다녀와서는 길게 여운이 남았다. 동생이 놀러 오라는 소리를 자주한다. 한 번 더 구실을 만들어 다녀오고 싶은 곳이다.

2024. 2.

부(副)자 인생

 살다 보면 누군가에게 떠밀려서 불이익을 당하는 수도 있고 좋은 일로 추천을 받을 수도 있다. 예전 학교 다닐 때 반장 선거를 하면 칠판에 바를 정(正) 자를 5획으로 표시하여 반장을 뽑던 기억이 난다. 자유 민주 국가 선거제에는 보통, 평등, 직접, 비밀, 자유 5대 원칙이 있다. 어수선한 시국이라 국민의 주권행사인 투표를 했지만 이 대명천지에 부정선거와 개표가 정당하지 못했다는 말이 공공연하게 나돈다.
 우리가 초등학교 다닐 때는 학생이 한 반에 70명 가까이나 되었다. 요즘의 반장이나 회장을 그때는 급장이라고 했다. 저학년 때는 분단장 부부단장까지 있어서 분단장, 부부단장을 했던 기억이 난다.

5학년 때는 내가 6학년 선배를 떠나보내는 졸업식 날 송사를 낭독하는 아이로 뽑혀 연습을 했다. 대본을 안 보고도 외울 정도가 되었는데 같이 연습하던 친구가 송사를 하게 되었다. 반 친구들은 내가 훨씬 잘하는데 하면서 약자 편을 들었다. 그 친구는 교무과장 딸이었다. 그 당시 어쩔 수 없는 벽이라 생각했지만 상처를 받긴 했다. 당(當)이 아닌 낙(落)의 고배를 마신 거였다. 결국 정(正)이 아닌 부(副)가 되었다.

중학교 때는 남녀공학이라 남자는 반장 난 부반장이 된 적도 있었다.

결혼하고 夫婦(지아비 부, 며느리 부)가 되었다. 결혼해서도 뜻은 다를지 몰라도 '부' 자를 면하지는 못했다. 이 副(버금 부) 자를 얘기하려고 '부' 자 뜻을 가진 한자를 찾아보니 핸드폰에 올라와 있는 것만도 53개나 되었다.

생활이 안정되고 내 개인의 일을 찾았다. 수필 공부도 하고 여행도 다녔다. 우연한 기회에 '잠수함 연맹' 주최로 진해 해군사관학교 견학을 다녀왔다. 거기에 다녀온 이후에 연맹회장으로부터 서울지회 여성부회장직을 맡으라는 제의를 받았다. 능력도 자신도 없다고 당연히 거절했다. 회장님은 시간 있을 때마다 나를 설득했다. 할 수 없이 남편과 의논했다. 못 하게 할 줄 알았는데 회장, 사장은 힘들지만 앞에 '副'(부) 자가 들어가는 감투가 제일 편하다며 해 보라고 했다. 부회장의 역할, 후원금, 한 해에 써야 할 체면 유지비 같은 것도 세세히 말해 주었다. 후보자, 경쟁자도 없이 부회장 임명장과 해군 마크가 들어간 찻잔 세트도 받았다. 잠수함 연맹 '서울지회 여성 부회장'이 되었다. 해군 전역 장성(제독)들 속에서의 행사나 교류도 신기하고 놀라웠다. 여성 회원이라 특별한 대우도 받았다. 몸담은 지 8년쯤 되고 보니 익숙하고 편해졌다. 내 인생이 한 걸음 발돋움하는 계기가 되었다.

한 문학 단체에서 부회장 자리를 주었고 다른 단체에서도 부소장 직함을 주었다. 副(부)가 앞에 붙으면 편한 건 맞다. 책임감도 덜하고 여러 가지로 어깨가 덜 무겁다.

副(버금 부)는 으뜸의 바로 아래로 해석되니 그리 낮은 자리도 아니다.

선거도 하지 않고 경쟁자도 없이 임명되었으니 낙하산 임명이라 해야 하나 아무튼 잡음 없이 운 좋게 꿰찬(?) '부' 자가 달린 자리였다.

초등학교 5학년이 된 손자 부성이가 4학년 때 반회장을 했는데

5학년에도 반회장이 되었다. 6학년 전교회장에도 도전하고 싶다는 소리를 듣고 고모와 할머니가 말했다. 필요한 것이 있으면 도와줄게 해 놓고도 웃음이 났다. 촌지도 치맛바람도 사라졌다고 알고 있지만 힘을 보태고 싶은 마음이 어른들 마음인지? 그래서 아빠 찬스 엄마 찬스가 나오는 건지 모를 일이다. 말로라도 사기를 높여 주었다. 워낙 상상을 초월하는 세상이라 국민들이 뽑은 대통령도 탄핵하는 판인데 아이들이 반장, 회장을 뽑아 놓고도 정치 흉내를 내며 모방할까 심히 걱정이 된다.

'副' 자 인생이라고만 생각했던 내게도 자칭 1인 기업이라 일컫는 17년째 하고 있는 선물의 집이 있다. 사장도 직원도 겸직하는 포터블 롤리팝이 있으니 고맙기만 하다.

내 공간을 벗어나 사회란 길 위에 서니 훌륭하고 멋진 분들이 너무나도 많다. 이 나이에 '副' 자 인생이면 어때? '副' 자 자리 감투가 나에게는 최고봉이라 생각하며 만족한다. 할머니는 등수로 치면 1등이 아닌 차등이지만 우리 부성이는 6학년이 되어 전교회장 되기를 소망하며 파이팅을 외쳐 본다.

2025. 4.

보증과 증인

 내가 직접 당하지 않아도 보증이란 소리만 들어도 고개를 절레절레 흔들게 된다. 친한 사이에 보증을 잘 못 서서 친구 잃고 패가망신했다는 소리를 많이 들어왔다.
 얼마 전 지인의 전화를 받았다. 공증에 대해서 좀 알아봐 달라고 했다. 자식 없이 남편과는 사별하고 혼자 살고 있다. 어느 날 뇌경색이 와 쓰러져 약을 먹는다고 했다. 마음이 급해진 것 같았다. 남에게 손톱만큼도 신세 지는 걸 싫어하는 성격인데 부탁을 해 왔다. 만약에 본인이 이 세상에 없을 경우를 대비해 상속이 어떻게 되는지 좀 알아봐 달라고 했다. 법도 자주 바뀌고 조금 아는

상식이 아니라 구체적이어야 한다. 그 지인은 재산이 시집 쪽보다 친정 식구들에게 가기를 원하는 거였다. 내가 들은 얘기를 전해 주었는데 미흡했는지 본인이 공증 사무실에 알아보겠다고 하더니 잠잠했다. 궁금해서 전화했더니 2명의 보증인이 필요하다고 해서 포기했다고 한다. 친인척은 안 되고 완전 남이어야 한다고 했다. 보증이라는 소리는 전 국민의 노이로제가 되어 있었다. 2명? 우리 부부가 해 주겠다고 씩씩하게 말했다.

2002년도인가 큰아이 취업 때 재산세를 내고 있는 2명의 보증인이 필요했다. 주위를 둘러보니 부탁할 데가 마땅치 않아 난감했었다. 친정 오빠보다 올케한테 부탁했더니 흔쾌히 들어줘서 괜히 고민했다고 생각했는데 엄마 집의 재산세 영수증을 보내와서 씁쓰레했던 기억도 있다.

보증과 증인은 조금 다르지만 내 것이 아닌 남을 위해 해야 하는 것이고 위험 감수를 해야 하니 부탁하는 것은 쉽지 않다.

신혼 때 대구 소규모 백화점에서 숙녀복 장사를 했다. 백화점 대표가 슈퍼마켓 확장을 하면서 입주해 있던 점주들의 점포를 줄여서 같은 평수로 만들어 사용하라고 했다. 큰 평수의 점주들은 대반란이 났고 소송으로 이어졌다. 다수결로 결정했는데 같은 평수를 원하는 쪽이 많았다. 내가 그때 첫 아이를 임신하여 만삭이었는데 증인으로 나가서 승소한 적이 있었다. 제비뽑기를 하여 운 좋게 좋은 자리를 차지했지만 출산하고 가게를 팔았다.

　서울에 이사 와서 도봉산 '천축사' 절에 다닐 때였다. 거기서 만난 불자(佛子) 아주머니가 내게 증인을 서 달라고 했다. 그때가 40년 전이었다. 그때만 해도 흔하지 않던 대형 미제 냉장고를 비싸게 샀는데 고장이 잦아서 판매한 사람을 고소한 거였다. 한쪽 말만 듣고 패기인지 의리인지 증인을 섰다. 상대는 우거지상을 하고 앉아 있는 게 보였다. 법정 증언대에서 선서를 하고 또박또박 답변을 하며 잘난 체(?)를 했다. 승소는 했지만 보상을 받았는지 어떻게 처리되었는지는 기억에 없다. 재판에 이겼다고 일만 원짜리 휴대용 버너를 받았다. 다른 사람들한테 부탁했는데 쉽게 증인을 서주지 않으니 새댁인 나에게 부탁 말을 한 것이다. 지금 생각하면 아이들도 어렸고 잘못하면 해코지도 당할 수 있는데 젊어서인지 참 무모했고 아찔하기도 하다.

　오래 알고 지낸 지인이 있다. 이혼을 하는데 보증인이 필요하다며 찾아왔다. 합의이혼이라고 알고 있는데 왜 보증인이 필요했는지 지금도 궁금하다. 그 집 내막을 너무 잘 알아서 이혼서류에 보증인 자격으로 서명해 준 기억이 있다.

　한번은 어렵게 사는 고아로 자란 이웃 아우가 있었다. 소송에

휘말려 어려워할 때 나를 보호자로 지정했다. 연고가 없으니 여권을 만들 때도 내가 보호자가 되었다. 무료변호사가 연락을 해 와 2번이나 법원에 가서 변호사는 나랑 의논했고 그 아우는 누명을 벗고 승소했다.

  빚(채무)보증도 있지만 신원보증, 이혼서류보증, 혼자라서 상속인보증도 있으니 우리가 모르는 다양한 종류의 보증이 많은 것 같다.

  지인은 만약을 대비해 장기기증등록, 사전연명의료의향서도 작성해 놓았다고 한다. 차곡차곡 준비하고 상속을 고민하는 나이가 되었다고 생각하니 남의 일이 아니라는 생각이 든다.

  70줄을 살면서 오지랖인지, 계산 없는 순수인지는 몰라도 안 겪어도 될 것을 겪으며 살아온 것 같다. 빚 상속은 아니니 마지막 보증이라 생각하고 의리로 서 주어야겠다는 생각을 해 보는 날이다.

2025. 5.

리액션

 사람이 살다 보면 내가 주인공이 되어 발표를 하거나 자신을 피력할 때도 있고 관객이 되어 들어주고 구경할 때도 있다.
 얼마 전 일요일에 큰딸한테 전화가 왔다. 생선회를 보냈으니 맛있게 먹으라고 했다. 쉬는 휴일 출출하던 차에 어찌나 반갑던지 회 사진을 찍어 보내며 정말 고맙고 맛있게 먹었다고 말했다. 다 먹었을 무렵 딸의 시부님에게서 전화가 왔다. 우리 딸이 회를 보내와서 잘 먹었다고 했다. 바깥사돈은 며느리 칭찬이 자자했다. 사돈한테 듣는 우리 딸의 칭찬은 정말 기분이 좋았다. 딸과 사위 합의하에 두 집에 보냈는데 서로 모르고 있다가 바깥사돈 전화로 알게 되었다. 양쪽 집에서 좋아하니 딸은 2주 만에 뭐 먹고 싶은 게 있느냐고 물어왔다. 괜찮다고 했는데 또 회를 보내 왔다.

양가에서 회를 받고 반응이 너무 좋다며 평소에 자주 못 찾아뵈어 죄송했는데 앞으로는 음식 선물을 자주 해야겠다고 딸은 말했다.

선물을 주고받을 때 보낸 사람은 잘 받았는지 만족했는지 궁금할 때가 있다. 그래서 난 될 수 있으면 선물을 받고 아무리 바빠도 문자나 전화로 표현을 하는 편이다. 말을 안 하고 속으로만 생각하면 아무도 알 수가 없다.

예전 큰딸이 대학 졸업 무렵 portable lollipop(휴대용 막대사탕)이란 인디밴드를 만들어 기타를 치며 홍대 앞이나 신촌 길거리에서 버스킹을 할 때 우리 부부는 박수부대가 되어 따라다녔다.

어느 날 명동의 극장을 대관해 공연할 때가 있었다. 내가 해 줄 수 있는 것은 박수를 많이 치고 열광을 해 주는 것이라 생각했다. 같이 공연한 딸의 후배 털보 호영이가 호야 누나의 엄마는 흥도 많고 박수를 많이 쳐 주어서 좋다고 하는 말을 들었다. 무대에서 공연을 하면서도 객석에서 호응하는 게 보이는 것을 그때 알았다.

그 뒤부터는 공연이든 강의든 박수 칠 일이 있으면 제일 먼저 박수를 시작해서 크게, 제일 나중까지 박수를 친다. 그리고 환호까지 해 준다.

지난해 뮤지컬 공연 때 확실히 깨달았다. 관객의 환호와 박수는 더 좋은 공연과 힘을 실어 준다는 것을 알았다. 물론 마음에 동하지 않는 박수는 어렵지만 무대에서 볼 때 진심으로 치는 박수도 느낄 수 있었다.

마이크를 잡고 강의나 사회를 볼 때 집중하지 않고 개인행동을 하거나 산만하면 큰 결례일 수 있다. 영화나 연극을 볼 때 졸음이 와서 참 민망할 때가 있다. 내용 이해를 못 했다거나 만든 사람에게 대한 모독일 수도 있다는 생각에 화들짝 놀라며 정신을 바짝 차릴 때가 있다.

오래전 지인들과 KBS에서 하는 7080이란 콘서트에 간 적이 있다. 시간이 남아 부근에 있는 식당에서 간단한 요기를 하려고 들어섰다. 그날의 출연자인 장계현이란 가수가 스태프분들과 앉아 있다가 옷매무새를 가다듬었다. 아마 우리가 그분의 또래이기도 하고 팬이라 생각했던 것 같다. 사인은 고사하고 아는 체도 안 했으니 그분은 얼마나 민망했을까? 그분을 알아보고 아는 체하는 시간을 놓치긴 했지만 지금까지도 그때를 떠올리면 부끄러움으로 남아 있다. 자존심도 아니고 뻣뻣한 성격 탓이었던 것 같다.

칭찬을 하면 고래도 춤춘다고 한다. 부모 자식 간도 표현을 잘 해야 된다는 것을 이번에 더 알게 되었다. 내 성격도 마음은 있지만 고맙다는 표현을 하는데 참 인색했다. 건조한 리액션이라고 해야 하나. 칭찬에 리액션을 가미해서 상대방을 기분 좋게 하는 리액션을 많이 해야겠다는 생각을 했다.

코미디언들을 보면 한 몸 망가져 관객에게 즐거움을 주는 리액션의 꽃이라는 생각을 해 본다.

손자 부성이가 손주 셋 중에 누가 제일 귀여우냐고 물었다. 훅 들어온 물음에 셋이 다 귀엽지만 제일 어린 기윤이가 귀엽지 했더니 부성이는 실망한 눈치였다. 부성이도 아이인데 선의의 거짓말이라도 부성이가 최고라 했어야 하는데 고지식한 할머니의 성격이 드러났다. 그 얘기를 들은 남편은 나에게 리액션 부족이라는 지청구를 했다.

오늘 아침에도 리액션을 잘하는 남편 덕에 큰딸이 전복을 보내왔다.

리액션(reaction): 어떤 행동이나 말에 대한 반응을 뜻하는 영어 단어

2025. 4.

백두산

 요즘 와서 생각해 보면 여행도 중독인 것 같다. 여행을 다녀오면 어디인가로 또 떠나고 싶은 충동을 느낀다. 나이 50대에 시작한 해외여행을 60이 넘어서면서 가장 왕성하게 다녔다. 전 세계가 들썩인 코로나로 여행은 발이 묶여 버렸다. 3년 4개월 만에 코로나19 팬데믹이 극복되었지만 내 나이 70 고지가 되어 있었다. 평소 마음에 품었던 터키(튀르키예)에 가고 싶어서 같이 갈 일행을 찾기 시작했다. 시간은 멈추지 않고 흘렀고 예전에 같이한 여행자를 구하기는 쉽지 않았다. 너나 나나 말만 하면 의기투합한 4명, 6명, 12명…. 짝을 맞추어 다닌 그들은 다 어디에 갔는가?

제일 조건이 맞았던 친구는 3년 전에 고인이 되었다. 갈 수 없는 이유도 다양했다. 몸이 안 따라 준다. 이미 가 본 곳이다. 시간이 없다. 지진이 난 곳이다. 겨우 동생 내외를 함께하기로 했지만 내 룸메이트를 찾지 못해 취소하고 계약금을 돌려받았다.

꿩 대신 닭이라고 튀르키예 대신 백두산에 가기로 했다. 백두산 하면 평소에 북한 땅에 있다는 생각이 제일 먼저 떠오른다. 그건 기우였다. 인천공항을 출발해서 중국 연지공항에 도착한 일행은 연길 민속촌으로 향했다. 민속촌에는 한류 열풍으로 우리나라 한복을 입고 짙은 화장을 한 차이나(우리나라와 20년 차이가 난다)인들이 넘쳐났다.

탈북민들이 목숨 걸고 건넜다는 두만강에도 가 보았다. 손에 잡힐 듯 지척에 북한 땅이 보였다. 강폭도 좁고 수심이 얕아 보였지만 수많은 애환과 사연을 간직한 채 두만강은 아무 일도 없다는 듯 말없이 흐르고 있었다.

동쪽에 위치해서 해가 제일 먼저 뜬다는 동북삼성 호텔에 여장을 풀었다. 첫날은 백두산 천지를 보겠다고 서파를 공략했다. 백두산을 중국에서는 장백산이라 부른다. 아침부터 비가 부슬대고 있었다. 입산 금지로 차가 올라갈 수가 없었다. 산 아래 계곡을 돌면서 구경하고 내일을 기약하며 내려왔다. 다음 날은 코스가 북

파 쪽이었다. 서둘러 도착했지만 중국 사람들이 떼로 몰려들었다. 중공군의 인해전술이 떠올랐다. 가이드 말로는 10월 중순 비수기가 시작되어 그렇지 성수기에는 열차를 전세 내어 오기도 해서 이 정도는 아무것도 아니라고 한다. 천지를 보겠다고 늘어선 긴 줄 속에 담배 연기는 끝없이 콧속을 파고든다.

　개장 시간을 한참 지나도 아무런 소식이 없더니 갑자기 밤새 백두산에 눈이 내려 미끄러워 오를 수 없다는 것이었다. 한 번의 방송이 법이었다. 금연 법은 왜 없는지 의아했다. 천지는 3대가 덕을 쌓아야 볼 수 있다는 말을 많이 들었다. 설마가 현실이 되었다. 천지는 볼 수 없지만 이도백하(백두산을 타고 내리는 두 개로 갈라지는 하얀 물줄기)까지는 갈 수 있었다. 아래를 보니 끝없이 올라오는 인간 띠의 행렬은 장관이었다. 소천지 장백폭포는 볼 수 있었는데 작은 동네에 있는 폭포처럼 보였다. 천지를 못 봤다는 아쉬움보다는 끝까지 오르는 것도 힘이 드는데 잘됐다는 생각으로 위안을 삼았다. 인간으로서는 거스를 수 없는 천재지변이었.

　여행객 12명은 의기투합 단합이 잘되었다. 몇 년 사이 여행의 흐름도 많이 바뀌었다. 부부 위주로 많이 다니는 걸 보았다. 천지 보는 것을 포기하고는 가이드의 역할이 활발해졌다. 선택 관광이지만 영상으로 보는 5D도 천지를 실제로 보는 것 이상 좋았다.

천지를 보지 못했다고 여행사에서는 쇠고기와 백두산 생 송이를 먹게 해 주었다.

용정(龍井)은 우리 민족이 제일 먼저 생활 터전을 잡은 곳이다. 용정이 발전이 안 되는 이유는 연길이 가까워서이다. 윤동주 시인은 만주에서 태어나 용정에서 중학교를 다녔고 100편 이상 많은 시를 남겼다. 독립운동으로 투옥되어 27세에 일본 후쿠오카 감옥에서 요절한 비운의 시인이다.

해란강을 끼고 돌며 윤동주 시인의 「선구자」를 불렀다. 비암산 정상에 있는 소나무가 서 있던 곳을 올려다보았다. 일송정의 소나무는 우리 고유의 소나무로서 우리 민족 독립운동의 상징인 일송정의 푸른 솔이다. 항일투쟁 때 1938년 일본인들이 소나무가 더 이상 자라지 못하게 소나무를 베어버리는 것은 물론 풀 한 포기 못 자라게 땅까지 초토화시켜 버렸다는 이야기도 들었다. 심으면 죽기를 거듭하던 소나무였는데 지금은 다섯 번째 심은 푸른 솔이 굳건히 뿌리를 내리고 있고 일송정 정자가 세워져 있다고 한다. 멀리서도 정자는 보였다.

중국은 14억이 넘는 인구가 살고 있다. 56개의 민족으로 소수민족이 55개, 1개의 한족이 있다. 소수민족을 다 합쳐도 20프로 정도밖에 안 된다고는 하나 한족만이 대통령이 될 수 있다고 한다. 몇 군데 중국 여행을 가 봤지만 백두산 여행은 또 다른 느낌으로 다가왔다. 백두산 정기를 반만 받아 왔지만 새로운 사람과의 만남에 즐거운 여행이 되었다. 여행도 때가 있다는 걸 이제야 절감한다.

다리 떨릴 때 다니지 말고 가슴 떨릴 때 다니자. 백두산이란 백 살까지 두 발로 산에 가자라는 소리가 어느새 나의 이야기가 되어 버렸다.

2024. 4.

남자 삼대(三代)

오늘은 남자 삼대(三代)가 집에 있는 날
9시 넘어서 집에 도착하니 일대(一代) 이대(二代)는
잠을 자고 부성이만 티브이를 보고 있습니다

저녁을 먹었느냐고 물으니 안 먹었답니다
밥 먹기를 싫어하는 아이니 계란 2개와
고구마 2개를 먹기로 합의를 봤습니다

급하게 입안으로 구겨 넣고 또 티브이 앞으로
달려갑니다. 시간은 밤 10시를 넘어가고
세수와 양치질을 하라고 부릅니다
할머니 왜? 소리를 지르세요?

이게 할머니 집이냐고 묻습니다
그럼 누구의 집이냐고 되물었습니다
우리 모두의 집이라네요
집하고 양치질하고 무슨 관계가
있느냐고 물어봅니다
뭔가 억울한지? 할머니가 월권을
한다고 느끼는가 봅니다

재미있는 티브이를 봐야 하는데
부르는 할머니가 야속합니다

우울한 날 부성이 땜에 웃습니다

3

천차만별

매일이 시트콤

지난 추석 대목 때 일이다. 명절이 다가오면 일주일 전쯤 재래시장을 찾아 장을 봐 놓는다. 주차할 데가 없어 내가 장을 볼 동안 남편은 도로를 몇 바퀴 돌다가 전화를 하면 만나 장보따리를 싣고 오는 게 전례가 되어 있다. 며칠 뒤 쿠팡에서 돼지고기 다짐육이 왔다. 남편이 시킨 거였다. 미리 다 사 놓았는데 이중 지출을 했다고 화를 내었다. 설마 요건 빠졌겠지 하고 나름 깜짝 이벤트를 했는데 먹히지 않으니 무안해했다. 돈 쓰고 욕먹었다며 그 자리서 쿠팡 거래를 해지해 버리는 것이었다.

중고거래 당근에 빠져 있다가 쿠팡을 갈아타서 열심히 물건을 사들이더니 아내의 잔소리에 쿠팡도 거래를 끊었다. 살 것도 많고 불편했을 텐데 꾹꾹 참다가 가끔 내게 현금을 미리 내놓고 사달라는 부탁을 하기도 했다. 나는 나대로 혼자서 사게 되니 카드 지출이 늘어나서 잔소리한 게 후회가 되었다.

식탁 위에 쿵 하는 소리가 들려 실눈을 떠보니 남편이 쿠팡 상자를 내려놓는 소리였다. 쿠팡은 해지했는데 웬일인가 했다.

뭐냐고 물으니 고등어를 시켰다고 했다. 내게 몇 번 고등어구이 얘기를 했는데 사지 않으니 남편이 시킨 거였다. 쿠팡을 살려 고등어만 주문하고 다시 취소했다고 미리 연막을 쳤다. 아무튼 좋다! 고등어구이냐? 조림이냐? 어떻게 해 먹을까 머리를 굴리고 있는데 박스를 연 남편이 놀라는 것이었다. 고등어를 시켰는데 갈치가 들어 있다는 거였다. 고등어보다 비싼 갈치가 왔다며 산지에서 보낸 분이 잘못 보냈다고 말했다. 여기저기 알아보는데 안내하는 분이 송장 번호를 일러 달라고 했다. 남편이 시킨 것과는 송장 번호가 달랐다. 안내하는 분이 혹시 선물 보내온 게 아니냐고 묻는다. 자세히 보니 보낸 사람이 곽OO으로 되어 있다. 사전에 아무 말도 없이 큰딸이 보낸 거였다. 깜짝 새벽 배송으로 한바탕 소동을 피우고 고소한 갈치구이로 아침 반찬을 대신했다.

평소에는 아파트 앞 단 하나뿐인 마트를 이용하고 있었는데 재래시장을 알고부터는 가끔 그곳에 간다. 마트보다는 물건도 많고 가격도 저렴하다. 싸다는 생각에 이것저것 구입을 하고 계산을 하려는데 진열된 상품을 사이에 두고 사람들 수십 명이 디귿 자로 늘어서 있다. 긴 줄 마지막에 섰다. 차례가 되어 계산대에 물건을 꺼내 놓았다. 5~60대 나이는 됨직한 아줌마 혼자서 암산으로 계산을 하는 것이었다. 혼자서 중얼중얼, 끝자리가 300원, 500원짜리도 있다. 채소이기 때문에 매일 가격이 바뀌기도 하는데 계산기 하나 없이 빠르게 계산을 한다. 중간중간 앞 바구니에 담긴 상품 선전도 하고 있다. 파마 머리를 뒤집어쓴 AI 아줌마가 아닌가 하는 생각이 들 정도였다. 아무리 암산의 왕이라 해도 기계에 길들여져 있는 나에겐 신기하기도 하고 이건 아니라는 생각을 한 것 같다.

집으로 오는 차 속에서 물건 값 계산을 해 보았더니 500원의 착오가 있었다. 영수증만 믿고 살았는데 싸게 먹겠다고 차를 끌고 가서 사 온 내가 한 걸음 퇴보했다는 생각이 들었다. 무차를 하겠다고 무를 써는데 3개의 무 중에 무 한 개 속이 갈색으로 썩어 있었다. 당장 들고 갈 수도 없고 사진만 남겨 놓았다.

일주일 뒤 겸사겸사 그 채소 집에 갔다. 장바구니에 몇 가지 물건을 담고 끝줄에 서서 내 차례만 기다렸다. 계산대에 섰다. 썩은 무 찍은 사진과 준비해 간 말은 꺼내지도 못하고 무 이야기만 했는데 썩은 무를 가져와야 한다는 거였다. 500원의 계산 착오는 적선하듯이 손안에 던져주는 것이었다. 뒤에 줄 선 사람들 때문에 쫓기듯이 그 집을 벗어났다. 돌아오는 차 속에서 불쾌하기도 하고 억울한 생각이 들어 툴툴대었더니 아내의 화를 풀어 주겠다고 남편은 채소 집에 다시 가자고 했다.

사장을 찾으니 없고 각자 일을 하느라 바빠 물을 수도 없었다. 시간 많은 어르신들 노인복지연금 받은 걸로 현금 장사를 하고 있다고 말하는데 벽을 보고 말하는 기분이 들었다. 영수증도 연락할 전화번호도 없는 장사를 하고 있다며 으름장만 놓고 개선의 여지도, 소득도 없이 돌아올 수밖에 없었다. 후련한 구석도 없이 볼썽사나운 추태만 보인 것 같아 하루가 찝찝했다. 오늘도 씁쓰레한 시트콤 한 편을 찍었다.

아들네 식구와 3년 함께 우리 집에 살 때 며느리가 한 말이 떠오른다. 어머니는 코미디언이라고, 사는 게 그냥 시트콤이라고 했었다.

둘째가 아이 둘을 데리고 친정에 왔다. 딸과 대화 중에 금리(金利)라는 말이 나오니 6살 외손녀 가원이가 생글생글 웃으며 끼어들어 반짝이는 어금니를 보여 준다. "할머니 내 금니 이야기하는 거지요" 하는데 웃지 않을 수가 없다. 유쾌한 시트콤 한 편 추가요! 인생은 생방송, 우리는 이렇게 매일매일 다른 시트콤을 찍으며 세월을 엮는다.

2024. 4.

방 나가기

 '가지 많은 나무에 바람 잘 날 없다'라는 말이 있다. 엄마는 5남 1녀 6남매를 키웠다. 우리가 자랄 때 생각이 난다. 남동생들의 몸은 쑥쑥 자라고 하루가 다르게 커 가는 발에 운동화를 사서 신기는 것도 벅찼다. 축구를 한다고 신을 찢어 오는 것도 다반사였다. 다행히 남동생들은 덩치는 크지만 성격이 온순하고 초 긍정적이라서 사고를 칠 인물들은 아니었지만 엄마는 걱정을 달고 살았다. 밤늦게나 새벽에 전화라도 걸려오면 파출소(지구대) 같은 데서 온 게 아닐까? 혹시 패싸움 같은데 연루되어 아들들에게 무슨 일이 일어나지 않았나 하고 놀라곤 했다.

사람들은 흔히 자식을 키워 혼인을 시키면 할 일 다 했다고 하기도 한다. 그건 착각이다. 강물에 돌을 던지면 물결이 원을 그리며 멀리멀리 퍼져 나가듯이 자식 하나에 많은 가족이 생겨나고 챙길 행사도 더 많아진다. 수필 수업 중에 둘째 딸한테 전화가 왔다. 수요일 수필 수업을 알기 때문에 나를 잘 아는 사람들은 웬만해서 수요일은 연락을 하지 않는다. 조금 이상하다는 생각은 들었지만 수업 중이라고 짧게 대답하고 끊었다.

핸드폰에는 카카오톡을 하는 여러 개의 방이 있다. 카카오톡 초창기 때 우리 부부와 딸 둘, 아들, 며느리 6명이 만든 가족방이 있었다. 어느 날 아들과 며느리가 차례로 슬그머니 방을 나갔다. 그래서 다시 초대도 하지 않고 4명이 방을 지키고 있었다.

며칠 전 손자 부성이를 데리고 제주도에 여행 간 며느리가 부성이 사진과 동영상을 실시간으로 보내왔다. 난 4명의 카톡방에 신이 나서 올렸다. 그다음 날 아침 TV에 가수로 활동하는 큰딸 친구가 나왔다. 집에 TV가 없는 딸에게 보여 주겠다고 사진을 찍어 가족 카톡방을 찾으니 3명만 남겨 놓고 작은딸이 방을 나가 버렸다.

기분이 찜찜하며 이상한 생각이 들었다. 전화를 해 보니 딸이 힘없는 목소리로 받는 게 아닌가! '내가 어제 전화했는데 엄마는 왜 이제 전화하느냐고 물었다. 언제 했느냐고 물었더니 학교에 있다고 하지 않았느냐고 했다. 그 전날 일인데도 깜빡 잊고 있었다. 엄마는 딸이 아이 둘 데리고 코로나로 격리되어 있는데 관심도 없고 친손자 자랑만 신나게 하고 있다는 거였다. 머리를 망치로 맞은 것 같았다.

며칠 전 외손녀 가원이 담임 선생님이 코로나 확진자로 판명되어 가원이를 어린이집에 안 보낸다는 소리만 얼핏 들은 것 같은 생각이 떠올랐다. 순간 생각에는 담임 선생님만 빠져나가고 끝나는 줄 단순하게 생각했다. 외출 못 하는 자식들을 위해 다른 친정엄마들은 반찬을 해 가지고 와서 현관 밖에 갖다 놓고 가는데 우리 엄마는 전화 한 통화 없다는 거였다. 정말 몰랐다고 무안해서 웃기만 했다. 시부모님은 번갈아 가며 오셔서 문 앞에 고기와 반찬을 놓고 간다고 했다. 그제야 딸 식구들이 음성 판정은 받았지만 코로나로 격리되어 있다는 게 실감이 났다.

사람이 살아가면서 의식주는 당연히 해결되어야 한다. 생활 주거지인 방도 당연히 있어야 한다. 방(집)을 매매하여 세놓기도 하고 들어가서 살기도 한다. 전세 월세가 형성되기도 한다. 그런 까다로운 절차를 거쳐야 생활공간인 방을 만드는 것이다.

요즘 우리들은 카톡방을 쉽게 만든다. 공지도 하고 마음 맞는 사람들끼리 공유하며 지내는 편리한 방도 있다. 어떤 방은 정치 이야기나 종교 이야기를 쓰지 말라는 방도 있고 2명에서 많게는 100명이 넘는 방도 있다. 한번 나가면 방을 지키는 누군가가 초대를 하지 않으면 다시 들어 올 수도 없다. 카톡방도 사람이 사는 방처럼 쉽게 들락날락 되는 쉬운 방으로 보면 안 된다.

　카톡 초창기 때 있었던 일이다. 가족방에서 며느리가 나갔다. 이유를 물을 수도 없고 뭔가 불만이 있는가 싶어 노심초사하며 속앓이를 한 적이 있다. 무슨 마음으로 그랬는지 물어보지도 않았지만 아직까지도 그 속은 알 길이 없다. 지금까지 가족방에 초대 받지 않은 며느리는 모든 소식을 내 방을 거쳐야 가족방에 전달된다. 가끔 단체 방에서 방 나가기를 하는 사람이 있다. 초대한 사람이 방장이라고 칠 때 가끔 말없이 방 나가기를 하는 경우가 있다. 방장의 마음은 편치 않다. 무슨 글과 말이 불편했을까? 정치적 견해나 사상과 이념이 거슬렸지 않았나 하는 생각을 해 보며 무척 신경이 쓰인다. 가끔 방을 잘못 찾아 실수로 방 나가기를 누르는 경우도 있다고 듣기는 했지만 방 나가기는 내게는 트라우마가 되었다.

　바깥일로 좀 바쁘다 보니 가족한테 소홀해서 둘째가 방 나가기를 한 것은 엄마에게 소심한 반항을 한 거라 귀엽다는 생각을 했다. 자식을 낳은 엄마가 되어도 엄마에게 기대는 자식은 엄마가 영원한 마음의 안식처다. 3남매도 못 챙기는 나를 보며 6남매를 챙겼던 우리 엄마가 떠오른다.

톡 방에 둘째를 다시 초대했다. 왜 초대했느냐고 물어왔다. 뾰족한 말투가 조금은 누그러져 있었다. 그래도 다행히 내일이면 격리가 해제된다고 했다. 2주간 꼼짝도 못 하고 아이 둘을 데리고 힘들었을 딸이 안쓰럽다. 격리가 끝나면 엄마 집에 와서 쉬어 가겠다는 말을 했다. 그 말 한마디는 이제 마음이 풀렸다는 거다. 한층 마음이 편해졌다. 가족이라 너무 믿어서 소홀했는지 모르겠다. 앞으로 나 때문에 방 나가겠다고 시위 같은 것은 못 하게 방장으로서 잘 챙겨야겠다.

엄동설한에 살고 있는 내 방도 지키고 카카오톡 방도 잘 지켜야겠다.

2021. 12. 19.

이 나이 되어도

　가끔 전화 통화를 하는 고향 친구가 갈라진 목소리로 전화를 걸어왔다. 고향 까마귀만 봐도 반갑다는데 어릴 때 한동네에 살았으니 말해 무엇하랴. 둘은 전화 통화를 하면 말끝마다 웃다가 시간이 다 간다. 이번에 나온 2집 책 5권을 들고 곤지암에 있는 자기 집으로 오라고 했다. 곤지암 금난, 안산 순난, 나, 우리 고향 동네로 장가온 세 남자와 여섯 명이 차 정체가 심한 주말을 피해 시월의 마지막 날인 화요일에 만나기로 했다.
　아이들 어릴 때는 서울에 둥지를 튼 친구 부부들이 가끔 만남을 가지고 함께 여행을 간 적도 있었다. 각자의 생활이 바쁘다 보니 잊고 산 세월이 수십 년이 되었다. 아이들 결혼식 때만 만남을 이어왔을 뿐이다. 여자들은 가끔 만났지만 남자들은 실로 오랜만에 만나는 것이다.

차를 두고 간 우리 부부를 위해 곤지암역에 금난이 부부가 대합실 안쪽까지 마중 나와 있었다. 영원할 줄 알았던 그 청춘은 어디 가고 우리 모두 70줄에 들어서고 두 친구의 남편은 동갑으로 70대 중반을 넘어가고 있었다. 나이만큼 잡힌 주름살, 탄력 없는 몸, 서로에게 놀라기도 하며 반가운 해후를 했다. 화담숲에 가기로 했는데 가을 내내 예약이 꽉 찼단다. 입장할 수 없다고 해서 도자 박물관에 갔다. 차선의 선택이었지만 한가한 여기 오길 잘했다고 입을 모았다.

여섯 명은 각자 다른 추억을 가지고 있지만 금난이와의 추억은 참 많다. 금난이 엄마와 우리 엄마는 동네에서 제일 친했다. 울 엄마를 먼저 하늘나라에 보내고 15년쯤 뒤 따라가신 두 분이 가끔 생각난다. 상머리에는 항상 엄마들의 많은 이야기와 한을 푼 막걸리가 담긴 누런 양은 주전자가 놓여 있었다. 지금은 고향을 지키는 내 동생과 금난이 남동생이 절친이 되어 생활하고 있다.

20대 중반을 넘기고 객지 생활을 하다가 고향에 머무를 때였다. 금난네는 꽤나 큰 과수원을 가지고 있었다. 둘은 과수원에서 맛있게 익은 사과 한 소쿠리를 놓고 먹기 시작했다. '우리 몇 개나 먹었지' 하며 세어 보자고 했는데 셀 수가 없었다. 꼭지 부분과 아랫부분을 도려내고 먹어서 씨만 남아 있었다. 마주 보며 참 많이 웃었다. 금난이 엄마는 법 없어도 사는 분이고 아버지는 우리에겐 아주 엄한 공포의 대상이었다. 큰 집을 두고도 옆집, 앞집을 사들여 세를 놓았다. 세 든 사람이 닭을 놓아 키웠다. 다 큰 처녀 둘이 닭을 잡겠다고 했지만 억센 닭의 날개에 우리가 도로 잡히게 생겼다. 닭을 잡아 고아 먹어 버려야 닭을 풀어 놓지 않을 거란 생각은 수포로 돌아갔다.

금난네 넓은 마당엔 노랗게 익은 나락을 멍석에 말리고 있었다. 갑자기 먹구름이 밀려오더니 후드득 비가 떨어지기 시작했다. 나도 덩달아 나락을 모으고 가마니에 퍼 담기 시작했다. 어디에서 그런 힘이 나왔는지 순식간에 일을 마무리했다. 뒷짐을 지고 지켜보기만 한 금난이 아버지를 보며 내가 말했다. "너 아부지 공산당 간부 같다"며 웃고, 또 웃고, 혼기가 찬 한 2년 틈새의 추억은 말을 하고 또 해도 지겹지 않은 추억이다.

금난이는 1978년 결혼하고 신랑 직장 따라 서울에서 살았다. 시집에 일이 있어 내려왔다가 나랑 우연히 동대구역에서 만나 서울 가는 열차에 함께 탔다. 금난이는 첫아이 임신 때였고 나는 결혼 전이었다. 다른 시간대의 열차였는데 반가운 마음에 함께 타고 가서 황당했던 적이 있었다.

　아이들 어릴 때 친정에서 만난 순난네와 우리는 차가 밀린다고 고속도로를 피하고 국도로 올 때가 있었다. 두 집의 아이 다섯과 다리 밑에서 라면을 끓여 먹고, 물놀이를 하며 문경 새재를 넘어 쉬엄쉬엄 소풍 삼아 서울에 왔던 게 추억으로 떠오른다.

　6명은 도자 박물관과 박물관 뒤쪽에 있는 외국인 작가들의 조형물 전시를 보고 붉게 타오르는 가을 단풍을 즐기며 산책을 했다. 곤지암에서 유명한 소머리 국밥을 먹고 금난이가 살고 있는 집으로 향했다. 곤지암에는 21년 전에 자리를 잡았다고 한다. 집 앞에는 개울물이 흐르고 노송이 멋진 전원주택에 살고 있었다. "야! 너무 좋다"라며 우리는 탄성을 질렀다.

　우리에게는 늙음이란 변화도 주었지만 취미생활을 하는 여유도 생겼다. 금난이 남편이 말했다. 평생을 십일조라 생각하고 어머니에게 수입의 10%를 매달 보냈다고 한다. 말없이 따라준 아내가 자랑스럽단다. 타고 다닌 15년 된 차가 오늘 마지막이라고 했다. 아들딸이 새 차를 사 주어 내일이면 나온다고 했다. 부모에게 본 대로 잘 배운 효자 자식들이다.

　집을 나서는데 금난이는 책값이라며 미리 준비한 예쁜 봉투를 내밀었다. 책을 좋아하는 박사 며느리, 회계사 딸에게 선물하여 독자를 만들어 준다고 했다. 작은 텃밭의 고추와 상추도 따 주었다. 지금의 우리에게 남편들은 예전 장모를 보는 것 같이 닮아 있다고 한다. 무심했던 우리들에게 자주 만나라고 말했다.

 이 나이가 되어도 금난이나 순난이 전화번호가 뜨면 '가시나야' 소리가 먼저 나가는 친구, 탁한 목소리라도 좋다. 오래오래 듣기를 소망해 본다. 옛 시절 추억을 공유하는 친구가 있어 참 좋다.

2023. 11.

강화 사돈

　해마다 행복지수 보고서란 통계가 나온다. 경제협력개발기구 (OECD) 중에 지난해 세계 행복지수는 북유럽의 핀란드가 7.79점으로 5년째 1위를 하고 있다고 한다. 우리나라는 거의 하위에 머물렀다. 살기도 좋아졌고 생활 수준도 높아졌는데 왜일까? 하는 안타까운 마음이 들었다. TV에는 연예인 패널들이 나와 개개인의 행복지수 점수를 매겼는데 행복 점수 10점 만점에 6점부터 10점까지 다양한 점수가 나왔다. 정신과 의사와 패널들의 이야기를 종합해 보면 행복이란 부와 명성도 아닌 자기 마음에 달렸다고 하는 결론이 나왔다.

세월이 흘러 아이들이 자라 짝을 만나 결혼을 했다. 혼인을 하게 되니 상견례를 하고 사돈도 생긴다. 삼 남매가 다 결혼하고 나니 그중 가까이 사는 사돈이 있어 가끔 만남의 자리를 갖기도 한다. 처가와 화장실은 멀어야 한다는 소리는 고리짝 시대 얘기가 되었다. 핵가족 시대라 단출한 가정들이 많아 사돈과 잘 지내는 것도 나쁘지 않다고 생각했다.

남동생이 사위를 보게 되었다. 상견례를 마치고 오더니 무척 신나 보였다. 흥도 많고 재미있는 사돈을 만나 즐거웠다는 거였다. 아이들 결혼식 하고 얼마 뒤 강화도에 사는 사돈이 그해의 마지막 날 동해안에 해돋이 보러 가자며 대구에 사는 동생 내외를 초대하였다. 코로나로 예약한 펜션 사용이 금지되면서 갑자기 강화의 사돈네 집으로 가게 되었다고 한다. 즐거운 대화와 밤을 보내고 사돈들끼리 무척 친해졌단다.

몇 개월 뒤 대구의 동생이 답례로 강화 사돈을 집으로 초대하게 되었다. 동생은 누나와 매형도 왔으면 좋겠다고 했다. 어려운 자리라 생각했는데 의외로 오랫동안 알고 지낸 사이처럼 편했다. 한 시대를 살아낸 우리들은 같은 배를 탄 것처럼 대화도 잘됐고 살아온 삶도 거기서 거기였다.

사돈이란? 자녀의 결혼으로 맺어진 두 집안에서 양가 부모님은 친사돈이 되고 친사돈의 직계존비속과 친형제 자매는 곁사돈이라고 한다. 강화 사돈은 우리와 친해지면서 자식들이 부르는 호칭을 대신하여 우리한테 고모, 고모부라고 부르게 되었다.

  동생이 사위를 보고 1년 뒤 며느리를 보는 날이었다. 동생이 바쁜 날이니 예식장에서 만난 강화 사돈이랑 밥도 같이 먹고 우리가 접대하게 되었다.

  아이들이 동탄에 사업체를 내어 오픈하는 날은 강화에서 나오는 길에 우리 집에 들러 우리와 함께 동탄으로 가서 오픈 축하를 함께 해 준 적도 있다.

  지난해 새집으로 이사한 강화 사돈은 바쁜 아이들이 참석하지 못해도 동생 내외와 우리를 강화로 초대하였다. 말끔히 정리된 잔디밭, 깔끔한 실내, 정갈한 음식은 사돈을 돋보이게 하는데 충분했다. 설을 지낸 며칠 뒤에 만난 우리들은 맛있는 음식을 먹고 웃고 떠들며 즐거운 시간을 보냈다.

  이튿날은 늦은 아침을 먹고 강화 투어에 나섰다. 사돈의 안내로 광성보에 갔다. 봄은 멀었지만 바람도 날씨도 산책하기 딱 좋은 날이었다. 광성보는 강화해협을 지키는 5진 7보 중의 하나이면서 20만 평 이상으로 가장 큰 유적지이다. 제국주의 시절 강제 개항을 의도로 1871년에 미군이 강화도를 침공한 사건이 바로 신미양

요 광성보 전투였다. 광성보에서 결사 항전하다 순국한 충장공 어재연 장군과 무명용사 351명을 모시는 사당 충장사, 광성보 앞바다, 물살이 거센 손돌목의 전설을 듣고 이름 없는 미군 전사자의 묘를 보고 내려왔다. 가는 곳마다 우리나라 곳곳에 전쟁의 상흔이 있는데 광성보에도 파손된 성곽 등 많은 흔적이 남아 있었다.

"강화도는 사찰이지" 하며 전등사로 갔다. 보물 393호로 지정된 고려시대 쇠 종(철)도 보았다. 광성보와 전등사를 다녀오니 뉘엿뉘엿 해가 지고 있었다.

강화 사돈이 예약한 자연산 횟집에 가니 미리 세팅된 활어가 기다리고 있었다. 고기잡이배가 몇 척 떠 있는 바다를 보며 먹는 회는 일품이었다. 1박 2일만 계획하고 갔는데 예상과 달리 하룻밤을 더 지내게 된 사돈들 여섯은 노래방 기계를 가동시키고 흘러간 '7080 노래'를 불렀다. 강화 안사돈은 장구를 어찌나 신명나게 두드리며 노래를 하는지 음치인 우리 부부는 입이 딱 벌어졌다. 놀고, 먹고, 마시고 아직도 체력이 받쳐주는 우리에게 감사했다.

강화의 마지막 떠나오는 날도 밖에서 아침을 해결했다. 두 안사돈은 식후 커피를 마시면서 식당 주차장 한편에 놓여 있는 시소에 타고 아이들처럼 즐거워하고 있었다. 마주 앉아 있는 안사돈끼리의 모습이 정겨워 사진에 남겼다.

　우리나라에서 4번째 넓은 강화도에서의 시간은 사돈 덕분에 마음껏 힐링을 했다. 다음을 기약하며 유쾌하게 헤어졌고 현실에 충실한 우리는 행복했다. 우리 마음만 같으면 행복지수 높이는 일을 별거 아닌데 하는 생각을 했다.

　요즘에 정치적으로 일본과의 외교가 굴욕 외교, 굴욕 정치라고 떠들고 있다. 어렵다던 사돈지간도 격식과 체면을 내려놓고 편견에 얽매이지 않으니 편한 사이가 되듯이 나라 간의 외교도 잊을 수야 없지만 과거에 얽매이면 발전이 없다. 과감하게 버리고 미래를 향해 달렸으면 하는 생각을 해 본다.

　행복지수 설문조사를 우리에게 했으면 10점 만점에 10점이라 했을 텐데….

　언제 어느 때라도 생선회 생각나면 강화도로 오라는 강화 사돈!

2023. 3.

삶의 현장

 꽃이 수 놓인 진한 핑크색 머플러와 개나리처럼 샛노란 망사 스카프가 다른 스카프와 어우러져 봄바람에 나풀거린다. 우수와 경칩을 지나니 햇살이 도타워졌다.
 50대 중반에 시작한 선물의 집이 어느새 15년째 접어들고 있다. 가게 폭이 1m 30cm밖에 안 되니 우산 쓴 행인이 지나가면 비나 눈이 오는 줄 알고 가끔 바스러질 듯 마른 가로수 잎이 또르르 가게로 굴러 들어와 늦가을을 알리기도 한다. 여기서 맞이하는 사계절도 수없이 흘러갔다. 옆 건물 만둣집을 하던 1층에는 한식집 식당에서 분식집으로 바뀌더니 이동통신을 끝으로 지금은 파리바게트 빵집이 들어와 있다. 지하 술집에는 자주 주인이 바뀌었고 코로나 때는 아예 폐업하다시피 문이 닫혀 있었다. 또 새로운 주인이 바뀌었는지 저녁 8시쯤 술집이 오픈하면 싸구려 향수 냄새가 지하 계단을 타고 솔솔 올라온다.

우리 건물에는 노래방, 미용실, 마사지숍, 공차집, 이동통신이 입주해 있다. 지하철 역세권에 있다 보니 늘 행인들로 붐빈다. 오래 하다 보니 많은 사람 속에 있는 게 더 편하고 동네를 잘 알아서 터줏대감이 된 듯하다.

나처럼 한자리에 붙박이처럼 오래 하는 찐득이도 있지만 알고 보니 장사가 잘 안되면 주인이 자주 바뀌는 것 같았다.

어느 날인가는 행색이 초라한 남자가 가방 하나만 달랑 메고 돗자리 깔고 길가에 자리를 잡는 게 보였다. 궁금해서 지켜보았더니 한참 뒤 빨간 플라스틱 의자가 생기더니 파라솔로 하늘을 가리는 날이 왔다. 가끔은 젊은 여자와 마주 앉아 펜을 움직이며 열심히 묻고 답하는 게 보였다. 알고 보니 사주팔자를 봐주는 사람이었다. 요즘 보면 파라솔 밖 공간에는 금박을 입힌 부적 같은 걸 팔고 있을 만큼 발전한 걸 볼 수 있다. 한 번도 이야기를 건넨 적은 없지만 내 눈에는 그 사람의 생활이 보였다. 길에서 하다 보면 민원이 들어가고 단속이 나오면 그 자리를 떠나야 한다.

오래 했으면 하는 마음이지만 그게 마음대로 되는 게 아닌 걸 흔히 볼 수 있다.

몇 달 전에는 자동차 소음만 가득한 거리에 엿장수 가위 소리가 들렸다. 버스 정류장 바로 옆에 자리 잡은 여자가 투박한 가위를 들고 가위질을 하고 있었다. 유원지나 휴게소에서 각설이 분장을 하고 엿을 파는 것을 본 적이 있지만 여자 혼자 엿을 파는 것은 왠지 낯설었다. 참 직업도 다양하다는 생각이 들었다.

우리 가게는 여자들의 소품을 주로 팔지만 나이 불문 각양각색의 손님들이 찾아든다. 어느 날인가 모자를 사러 온 손님이 있었다. 윤기가 자르르 흐르는 밍크 숏 재킷을 입고 명품 가방을 든 멋쟁이였다. 우리 가게에 진열되어 있는 테를 두른 아이보리색 모자를 썼는데 아주 잘 어울렸다. 모자 값 계산을 하면서 자기가 저기서 엿을 파는 엿장수라고 했다. 깜짝 놀랐더니 너무나 당당하게 엿을 파는 것에 대해 설명해 주었다. 오늘은 춥고 바람이 많이 불어 친구를 만나러 왔다고 말하며 친구의 전화를 받고 가게를 나갔다. 엿을 팔러 오는 날은 엿을 갖다주었다. 따끈한 커피를 끓여 주었더니 대화도 많이 나누고 간다. 열심히 살아가는 게 장해 보였다. 직업과 보이는 외관에 대해서 편견을 가지면 안 된다는 생각을 다시 해 보는 날이었다.

직업에는 귀천이 없다고 생각한다. 사람들은 오늘도 하루하루를 치열하게 살아낸다. 몇 년 전에는 가게를 접을까 하는 생각을 한 적이 있었다. 터무니없이 임대료를 올려 달라고 해서 고민 중에 있는데 코로나 여파로 임대료를 올리지 않게 되었다. 그 세월 동안 세상도 많이 변했다. 대형 마트, 인터넷 판매로 물건을 구입하니 매출이 많이 떨어졌다. 외부 활동으로 가게를 비우는 내 탓이 제일 크다고 생각하며 마음을 비운다. 수입 창출이 안 되더라도 사무실처럼 쓰라는 남편의 말에 힘을 얻는다.

작은 공간, 마음 편히 누릴 수 있는 나만의 생활 터전을 사랑한다. 빠진 물건을 구입할 품목을 메모해서 일주일에 한 번 정도는 도매시장을 누빈다. 평균 일주일에 한 번 시장을 가면 한 달에 4번, 1년이면? 15년이면? 하고 계산을 할 때도 있다.

수많은 발자국을 남겼을 도매시장에 들어서서 골목골목을 지나가면 안면 있는 얼굴들이 세월의 더께를 쓰고 함께 나이 들어가는 게 보인다. 그 사람들도 나를 보면 그런 말을 하겠지?

누군가 말한 누죽걸산(누우면 죽고 걸으면 산다)이라는 말을 새기며 오늘도 씩씩하게 생활전선에 뛰어든다.

주위에는 삶의 현장에서 바쁘게 열심히 살아가는 사람들이 있다. 우리 건물 내 사람들, 병원, 약국, 맞은편 구두 수선집, 붕어 계란 빵집, 호떡 어묵집, 찐 옥수수 집. 가게에서 글을 쓰는 이 순간에 고깃집 철판 위에서 고기 익어 가는 맛있는 냄새와 함께 엿장수의 가위 소리가 철커덕철커덕 바람 타고 들려온다. 이 나이 되도록 현역이라니! 으쌰으쌰 힘을 내본다.

2023. 3.

천차만별

 서울 신림동에 포터블 롤리팝 2호점이란 선물의 집 간판을 올린 지가 어언 17년째가 되었다. 비 내리는 거리를 하염없이 바라보며 소녀 감성에 젖어 센티해지기도 했고 난분분 난분분 내려앉는 하얀 눈송이를 보며 누군가를 만나 옛 얘기를 밤새워 하고 싶다는 충동을 느끼기도 했다. 봄바람은 훈풍이 아니라 꽃바람이란 걸 체험으로 알았다. 오롯이 4계절을 롤리팝과 함께하며 단단해지고 여물어 갔다. 지하철에 전동차가 들어와 얼굴도, 옷차림도 제각각인 사람들을 왈칵 토해 놓으면 도로는 순식간에 사람들의 물결로 넘쳐난다. 각자 삶의 무게를 어깨에 짊어지고 바쁘게 오고 간다.

하루하루가 쌓여 일주일이 되고 한 달이 되고 한 해가 된다. 세월이 쌓이면서 사연도 많고 다양한 경험을 했다. 장사를 하게 되면 근본이야 변하지 않지만 센 척하는 여자가 되기도 하고 마음에 없는 웃음을 짓기도 한다. 마음 수양까지는 아니지만 손님 대하는 자세와 처세를 혼자서 연구해 보기도 한다. 평범한 게 제일 어렵다고들 한다. 진상 고객이 있으면 우울해지고 속상할 때도 있다. 장삿속은 개도 안 먹는다는 말도 있고 남의 주머니 돈을 내 주머니에 옮기는 게 제일 어렵다는 말도 있다.

진상 고객이 왔다가 가면 소금을 뿌리라는 사람도 있다. 그런 짓은 하고 싶지도 않고 해 본 적도 없다. 속만 끓일 뿐이다. 안 좋은 날보다 좋은 날이 훨씬 많다. 마음 다스리기는 사람 상대가 최고다.

우리 롤리팝 매장은 입구가 좁고 안이 깊다. 매장 밖에 물건을 내어놓으면 안에서는 잘 보이지 않는다. 가끔 물건을 집어가는 사람도 있지만 어떻게 할 수가 없다. 어느 날 여자 손님이 말했다. 방금 어떤 남자가 진열된 가방을 만지작거리다가 들고 갔다고 일러주는 거였다. 뒷말은 듣지도 않고 갔다는 방향으로 내달리며 행인들의 손에 들고 있는 가방을 살폈다.

멀지는 않지만 6차선 큰 사거리까지 오게 되었다. 파란 신호가 바뀌어 있었고 저만치 한 남자가 홀쭉한 백팩(배낭)을 옆구리에 끼고 가는 게 보였다. 사거리 중간쯤에서 그 남자를 잡았다. 술 냄새가 풀풀 났다. 애써 침착해도 가슴은 방망이질 치기 시작했다. 현행범을 잡았는데 하고 싶은 말은 입안에서만 맴돌 뿐 아무런 조치도 취하지 못하고 가방만 빼앗아 왔다. 우리 또래 나이로 보였고 핑크빛이 들어간 하트형의 선글라스를 끼고 있었다. 그 모습은 가관이었다. 몇 개월이 지난 뒤 하트형 선글라스를 낀 그 남자가 우리 가게에 들어와 물건 값을 물었다. 죄의식도, 미안함도 없는, 도둑 주제에 아예 우리 가게 자체를 기억조차 못한 듯했다. 장사를 하다 보면 촉인지, 눈썰미인지 오래전에 판매한 물건이나 사람도 단박에 알아본다.

얼마 전 일이다. 여자 손님 둘이서 가방을 사러 왔다. 금액이 적혀 있어도 깎아달라는 사람이 있다. 그럴 때는 현금으로 하면 조금 빼 준다고 한다. 계좌이체도 할 줄 모르고 은행에서 현금을 찾아오겠다고 했다. 금방 흥정했던 가방을 가져가도 되느냐고 한다. 안 된다고 하니 못 믿느냐며 무척 화를 내었다. 화를 못 참고 본인이 들고 온 가방까지 내려놓고 갔다가 한참이나 지나서 돌아왔다. 현금은? 하고 물으니 은행에서 줄 서 기다려 내 계좌로 입금시켰다고 한다. 끝까지 본인 뜻대로 안 됐다고 화가 나 있었다. 새로 산 가방을 낚아채듯이 들고 툴툴대며 나갔다. 나중에 입금을 확인하니 깎지 않은 원래의 금액으로 입금되어 있었다. 고작 2천 원 땜에 화를 내고 시간을 허비하고 지불은 처음 금액으로 하였으니 이 무슨 situation(상황)이란 말인가? 자고로 사람은 화를 내면 손해를 본다. 화가 났을 때는 결정을 하지 말자라는 말이 있다. 전전두엽 손상은 결정, 분노조절 장애 ADHD 분류된다고 한다.

롤리팝은 작은 공간이지만 많은 세상을 경험하게 해 주었다. 오랜 세월 동안 수많은 사람의 참새 방앗간이고 사랑방이다. 사람들 속에 부대끼며 성장하였고 희로애락이 있었다.

아직도 손님 대하기는 힘들지만 죽을 때까지 배운다는 말도 있다. 2천 원을 깎겠다는 사람도 있고 거스름돈 2천 원을 그만두라는 사람도 있다. 천차만별, 천태만상 다양한 군중 속에 매일매일이 다르게 하루를 엮는다. 오늘도 좋은 날이 되기를 희망하며 삶의 현장 속에 나를 맡긴다.

2025. 5.

재테크

 달력을 넘기니 5월의 행사가 줄줄이 올라온다. 내게는 늘 벅찬 5월이었다. 공식적인 행사 외에도 가족 행사가 대여섯 개가 더 있으니 말이다. 5월의 행사 중에 결혼기념일도 끼어 있다. 남편은 결혼 25주년 은혼식 날 결혼할 때 못 해 주었다고 링이 세 개로 된 작은 다이아 반지를 선물해 주었다. 무딘 감성의 소유자가 감동을 했는지 고마워했는지 기억도 없다. 지금은 굵어진 손가락으로 낄 수도 없다.

 어느 봉사 단체 모임 대화 중에 재테크 이야기가 나왔다. 부동산, 주식, 펀드, 많은 얘기가 오고 갔다. 내가 아는 주식은 친한 친구가 주식 거래소에 나가 전광판만 뚫어지게 보던 시대에 주식으로 돈을 날린 걸 알고 있는 게 전부다. 손해 보는 주식 이야기만 듣다가 최근에 생각지도 못한 지인의 주식 투자 이야기를 듣게 되었다. 고3 수험생보다 주식 공부를 많이 했고 2억을 투자해서 1년 만에 3억을 만들었다는 거였다. 하루에 1200만 원도 벌었다고 했다. 놀라움에 입을 다물지 못했다. 실력이 아니라 운이 따른 게 아닌가 말하기도 했다.

재산을 불린다는 게 말처럼 쉬운 게 아니다. 몇 년 전 코인(가상화폐)이 한창일 때가 있었다. 지인의 설득에 500만 원을 넣었는데 몇 년째 감감무소식이다. 내게 투자란 먼 나라 이야기일 뿐이다.

서울 온 지 7년 만에 작은 아파트를 마련했다. 88올림픽 때였다. 계약만 했을 뿐인데 하루하루 아파트 값이 오르고 있었다. 4년쯤 살고 나올 때에는 3배 정도 오른 값으로 팔 수 있었다. 그 뒤에는 별 운이 따르지 않았다. 부동산 세법이 바뀌어 큰 세금을 내고 매매를 한 걸로 안다.

요즘은 가끔 금 시세를 본다. 오랜 결혼 생활 중 기념일 때 남편한테 받은 금붙이 선물이 더러 있는데 난 한 번도 그쪽 선물을 해 준 적이 없다. 여윳돈이 생겨 곰곰 생각하다가 큰맘 먹고 남편에게 금목걸이 2냥을 선물해 주었다. 목걸이를 목에 건 이후로 한 번도 빼지 않고 잘하고 다녀 잘해 준 것 같다는 생각을 하고 있다. 금값이 오른다는 소식을 듣고 금 시세를 알아보니 몇 년 사이에 엄청 많이 올라 있었다. 요즘에는 남편한테 5만 원 지폐 200장을 걸고 다니니 조심하라는 농담도 했다.

갑자기 얼마나 올랐는지 차액이 궁금해졌다. 목걸이 할 때 받아온 품질보증서, 주문 배수(拜受)증을 찾아보았다, 2020년 5월 30일 1돈 253,000원 20돈에 5,220,000원이라는 금액이 적혀 있었다. 오늘의 금 시세를 보니 20돈 24k 목걸이 가격이 1천만 원을 넘고 있었다. 무심했던 액수가 기분을 좋게 했다. 이래서 재테크라는 걸 하는가 보다 하고 생각했다.

들떠 있던 난 은혼식 때 받은 다이아 반지를 팔아 금팔찌에 보태 금으로 해 놓을까 생각했다. 남편한테 말했더니 처음엔 그렇게 하라고 하더니 한참을 생각하더니 없애지 말라고 했다. 난 그럴듯한 말로 합리화를 시키며 설득했다. 그냥 서랍에 굴러다니다가 내가 없는 세상에 아이들이 액세서리라고 버리면 어쩌느냐는 말도 해 보았다. 어떻게 할까 지금도 생각 중에 있다. 손가락 까딱 한 번에 500만 원을 날리면서 숫자에 불과한 금 시세 차액에 좋아하는 내가 우습긴 하다.

금 이야기를 하다 보니 금에 얽힌 추억도 하나하나 떠오른다.

2000년도쯤 금계를 해서 마련한 금목걸이, 둘째가 결혼할 때 양쪽 사돈한테 예단으로 해준 금반지, 남동생들이 칠순 때 해준 금열쇠 등이 있다. 결혼 때 금반지는 동창 친구를 빌려 주었다가 결국은 날린 적도 있다. 사람이 살면서 없어서는 안 되는 게 돈이지만 가끔은 속물이 되는 것 같을 때도 많다. 어릴 때는 나이만큼 재산도 배가 되는 줄 알았다. 경험도 하기 전에 세월이 가버렸다. 나이가 들면 돈거래도 하지 말라는 얘기를 많이 들었다. 남들이 재테크 얘기가 나오면 모르는 내가 무지하고 관심 없어 편하지만 정치도 경제도 아는 만큼 고통도 따르는 것 같다. 재테크, 투자는 쉬운 게 아닌 것 같기는 하다. 금이라도 잘 지니고 주어진 대로 가늘고 길게 살아야겠다는 생각을 해 본다.

2024. 5.

딸 둘

 자식을 낳아 기르고 한 공간에 부대끼며 살아도 부모의 추억과 자식들의 추억은 정말 다르다. 엄마는 기억조차 없는 시기, 각자의 삶을 살고 있을 때 어린 자식들은 힘들게 어려운 능선을 넘고 있었다. 세월이 흘러 글로 남기지 않고 표현해 주지 않으면 상상도 할 수 없는 일들이었다.
 내게는 친자매가 없다. 클 때는 남자 형제들 속에서도 다 그러려니 하고 살았다. 이 나이가 되어 보니 주위에 5자매, 6자매가 있어 잘 지내는 걸 보면 부럽기도 했다. 다행히 살림밑천이란 큰딸을 낳았고 두 번째도 딸을 낳았다. 다섯 살 터울이라 큰딸은 어릴 때부터 동생들을 잘 챙겨주고 보살폈다. 커서는 두 자매의 사이가 각별해서 걱정이 없다.

딸의 글을 읽을 때마다 왜 이리 뭉클뭉클 눈물이 나는지? 나의 무능이 어설픈 보살핌이 부끄러움으로 다가온다.

여느 부모들은 아이들의 입시공부 뒷바라지에 올인 하고 오직 희망한 대학 합격 한 가지만 중점적으로 신경 쓰지만 난 아이들의 공부나 불합격의 걱정보다 합격의 기쁨은 잠시, 등록금 마련에 신경 쓴 때가 많았다.

울 언니

내가 초등학교 1학년일 때 우리 언니는 같은 학교 6학년이었다. 당시 유치원생이었던 남동생만 데리고 엄마와 아빠는 며칠 동안 여행을 가셨다. 여행을 떠나시며 언니에게 급할 때 쓰라고 5000원을 쥐여 주셨다.

부모님이 여행 중이신 어느 날 학교에 도착한 나는 사색이 되었다. 그날 준비물이 크레파스였는데, 깜빡하고 챙겨오지 못한 것이다. 너무 놀라 조회가 끝난 시간에 6학년 언니 반에 찾아갔다.

"언니, 어떻게 해? 나 크레파스가 준비물인데, 깜빡하고 못 챙겼어." "미술이 몇 교시야?" 걱정 말고 기다리라고 말한 언니는 정확히 미술 시간 직전에 새 크레파스를 들고 우리 반에 찾아왔다. "언니 이거 어디서 났어?" "어디서 나긴 학교 앞 문방구에서 사 왔지." 5000

원이라고 쓰여 있는 크레파스를 받은 나는, 언니가 너무 고마워 울먹거리며 말했다. "언니, 5000원을 다 쓰면 어떡해. 엄마가 급할 때 쓰라고 주신 돈이잖아?" "괜찮아. 언니가 다 알아서 해." 엄마가 주신 비상금을 전부 동생을 위해서 쓴 언니를 아직도 기억한다.

  고등학생이 된 나는 미술이 하고 싶었고, 미대에 가고 싶었다. 하지만 고등학교 3학년 3월이 되어도 미술학원에 갈 수 없었다. 당시 우리 집은 매우 어려웠고, 학원비가 너무나 큰 금액이었기 때문이다. 답답하게 보내던 어느 날, 막 사회생활 시작한 우리 언니는 "유정아 미술학원 등록해. 언니가 내줄게."라고 말했다. 언제나 나의 우상이며, 동생들에게 모든 걸 주었던 우리 언니는 내가 가장 믿고 의지하는 한 사람이다. 지금도 해를 끼치고 있을까 겁내며, 언니의 조그마한 배려도 미안한 마음이 드는 "우리 언니."

2024. 곽유정

이 글을 쓴 딸은 나이 40을 넘었고 아이 둘의 엄마이기도 하다.
"그래 딸들아 잘 자라서 울타리가 되어주어 너무 고마워."

정답은 없다

 우리는 종교의 자유라는 말을 자주 한다. 역 주변에는 "인상이 좋으십니다. 롯데리아가 어디 있어요? 도를 아십니까?" 묻는 남녀들이 둘씩 짝을 지어 다니면서 사람들을 유혹한다. 지나다니는 사람들을 귀찮게 한다고 대놓고 욕하는 사람도 있고 귀를 기울여 듣는 사람도 있다. 사이비종교, 이단이라고 하며 말들이 많다. 나처럼 무신론자는 그래서 종교 선택이 더 어려운 것 같다.
 오늘 우연히 유튜브를 보게 되었다. 방청객이 스님에게 혼자서는 해결 못 하는 사연을 묻고 있는 게 있었다. 아주머니가 스님에게 물었다. 조상 제사를 항상 12시 넘어서 지내는데 시동생이 와서 말하기를 10시와 10시 반 사이에 지내자고 하는데 어떻게 했으면 좋겠느냐고 물었다. 원래 원칙은 돌아가신 날 전날이 기일이라고 한다. 스님의 대답은 형편에 맞추어 살아있는 사람에게 맞추면 된다고 했다. 내 생각도 그게 맞다는 생각을 하고 있었다.

무슨 행사나 약속이 잡히면 제일 먼저 달력을 보는데 기일이 겹치지 않았나를 먼저 보는 습관이 생겼다. 제삿날은 날짜 변동을 할 수 없다는 고정 관념 때문이다. 몇 해 전 친구들과 여행을 잡아 놓았는데 출발하는 저녁에 제사가 드는 게 아닌가? 다른 건 몰라도 누구를 시킬 수도 없고 그냥 넘길 수도 없어서 난감했다. 제사 드는 전날 밤 12시를 넘기고 제사를 모셨다. 여행을 가겠다고 내 마음대로 정해서 시키는 대로 하는 남편이 고마웠다.

시아버님은 돌아가신 해도 기록적인 더위라 했던 1994년이었다. 그러니 여름의 한가운데에 기일을 맞는다. 올해도 어김없이 푹푹 찌는 더위 속에 제사장을 보았다. 장바구니 물가가 비싸기도 하지만 아예 녹색 나물 자체가 없다. 평소에 파란 나물로 쓰던 시금치가 없어 얼갈이배추로 대체한다. 과일도 비싸다고 중얼대며 장을 보았다. 해마다 다가오는 기일에 더위라는 복병이 늘 따라붙는다. 부침개 부치는 담당 며느리가 부침개를 자기네 집에서 부쳐 온다고 했다. 너무 더우니 혼자 조용히 부쳐서 오겠다는 거였다. 갑자기 훅하고 들어오는 소리에 얼버무리고 말았다. 이번에만 우리 집에서 부침개를 하고 다음에 부쳐 오라고 해야 하나 고민이 되었다.

제사장을 봐 오는 길에 지인에게 전화가 왔다. 시부님 제사라고 했더니 아직도 제사를 지내느냐고? 의외라는 듯 말했다. 내 입장에서는 기분이 좋을 리가 없다.

이번 제사는 일요일에 들어 자식들이 다 온다고 했다. 음식을 적게 하라고 신신당부하는 아이들이다. 양을 줄이고 줄여 아침부터 굵은 땀을 뚝뚝 흘리며 아이들이 도착하기 전에 음식을 다 해 놓았다. 남편은 아이들이 와서 하도록 부침개 정도는 남겨 놓으라 했다. 아이들이 제사에 기여한 보람도 느껴야 한다는 거였다. 남편의 말은 혼자 일하는 아내가 안쓰럽기보다는 립서비스라 생각하며 내가 말했다. 일찍 일을 마쳐놓아야 아이들이 다음에 더 일찍 온다고 마음에 없는 말을 했다. 속마음은 명절 제사도 아니고 기제사인데 내가 아직은 건강하니 아이들 고생을 덜어 줘야 한다는 마음이 깔려 있었다.

성씨(姓氏)를 내세우며 양반입네 하는 주위에 사람들도 형제간 의논도 없이 어느 날 제사를 없애고 맏이한테 통보만 받았다고 어이없어하는 것도 보았다. 나의 생각이 다 옳다고 남의 생각이 그르다고 감히 말할 수 없다.

  남들이 이단이라 생각하는 종교도 본인들은 진리라 여기니 반박할 수가 없다.

  올해의 폭서에도 아이들은 모였고 아버님의 제사를 모셨다.

  하루가 다르게 자라는 손자녀들을 보며 바로 이거야 산사람들의 축제지 하는 생각을 했다. 남편은 우리가 없는 세상이 될 때 자식들이 제사를 모셨으면 하고 바라고 있지만 난 절대 강요하지 않는다.

  자식들의 생각과 나의 생각, 제사를 모시느냐? 마느냐? 어디에도 정답은 없다는 생각을 해 본다. '지금 있는 그대로를 사랑하자'라는 말을 하고 싶다.

2024. 8. 11.

경로석

9호선 마곡나루 사거리에는 인도에 접한 엘리베이터가 있다. 달려가서 엘리베이터를 타고 내려가는 버튼을 누르는데 저만치서 지팡이를 짚은 아저씨가 느린 걸음으로 오고 있다. 늦어도 1~2분일 텐데 지하철 시간에 쫓기는 나는 내려가는 버튼을 눌러버렸다. 속으로는 미안! 미안!을 수없이 난발하며 '이해해 주세요' 하면서 내려갔다. 종일 미안한 마음으로 불편하다.

70대는 됨직한 여인이 지하철에 오른다. 몸집은 말라 있고 어깨에는 빛바랜 천 가방이 매달려 있다. 경로석에 떡하니 앉아있던 내가 순간 우리 엄마 나이라는 착각에 자리를 양보해야 하나 하는 생각이 들었다. 정신을 차리니 엄마와 상관없는 우리 또래 할머니였다. 아니지, 정확한 나이도 모르면서 상대가 혹시 나보다 젊어 기분이 안 좋을 수도 있다는 생각을 했다. 목적지까지 편하게 앉아 가지만 마음은 묵직하니 편할 수가 없다. 옆에 사람이 내리려고 하니 엉덩이를 먼저 들이민다. 약간 얄밉기도 하다. 불편한 마음이 싹 가신다. 어느 날은 경로석에 앉아 책을 본다고 젊은 사람이라고 눈총을 받기도 했다. 역으로 생각하면 젊어 보여서 기분 좋은 눈총일 수도 있다는 생각을 했다. 하루에도 몇 번씩 요동치는 마음이라니 경로석은 이래저래 불편하다.

 일상은 빠듯하게 잘도 흘러간다. 학교 가는 지하철 안 맞은편 경로석에 정복을 입은 어른 두 분이 앉아 유쾌하게 대화를 나누고 있다. 일반석에 앉은 남자가 버럭 소리를 지른다. 시끄럽다며 공중도덕을 좀 지키자며 나무란다. 그 목소리가 훨씬 크다. 어이가 없었다. 다음 역에 두 분이 내리니 소리 지른 남자가 얼른 옮겨 앉는다. 이태원역 지하철 문이 열리니 소리친 남자 옆에 한 어른이 앉으면서 들고 있는 배낭을 옆자리에 내려놓는다. 빈 좌석이 없는데 소리친 남자가 가방을 무릎 위에 놓지 않고 좌석에 두었다고 시비를 걸면서 금방 탄 남자를 나무란다. 갸웃거리며 쳐다보니 40년 지기 친구의 남편이다. 일부러 큰소리로 병준 아빠!라고 부르면서 악수를 하고 내 옆에 앉혔다. 어떻게 거기서 그 시간에 만날 수 있었는지 우연치고는 신기했다. 둘이 얼굴을 맞대고 셀카를 찍어 병준 엄마가 들어 있는 40년 지기들 톡 방에 올렸다. 나이 들면서 편한 것은 이런 게 아니겠는가?

요즘의 아이들은 특히 양재동 사는 우리 큰딸은 툭하면 파티를 자주 한다. 포트락, 결혼기념일, 생일, 벼룩시장을 열면서도 그냥 파티로 둔갑시킨다. 얼마 전에는 매장(portable lollipop) 17주년 기념일이라 와인 30병을 쏜다고 친구들을 모았다. 우리 부부도 초대를 하여 감지덕지 젊은이들의 향연에 끼어들었다. 우리와 얼굴색이 다른 외국 친구도 있고 영국, 독일에서 살다가 온 친구도 있다. 우리나라는 사람을 첫 대면 하면 나이를 잘 묻는다. 외국 문화는 나이 상관없이 모두가 친구가 되어 잘 놀아 준다. 경로석 나이에 잘 끼워주고, 놀아주고 나이보다 젊다는 칭찬 한마디면 이렇게 좋은 것을….

거꾸로 아기가 되어가는 나이라는 생각이 든다. 쌍문역에서 나이 든 아주머니가 젊은 아주머니에게 자리를 양보한다. 아는 사이인 것 같다. 젊은 사람이 앉으면서 하는 말이 제가 이렇게 멀쩡해 보여도 대장암 말기라 하면서 자리에 앉는다. 사람은 누구나 말 못 할 사연 한 가지씩 속에 감춰둔 것이 있다. 옷으로 가리고 감정으로 위장한다. 자폐증 아이와 함께 탄 엄마의 그늘진 얼굴, 경로 카드를 탁 소리 나게 찍는 노인, 어쩌다가 한 코스 더 가 버릴 때의 낭패감, 하루에도 여러 가지 일이 지하철에서 일어나고 경험한다. 젊은이들이 경로석에 버젓이 앉아서 가는 것은 경로우대 사상을 모르는 외국인이다. 경로석 자격이 있는 지인더러 빈자리에 앉자고 하니 한사코 반대한다. 천으로 만든 경로석은 오줌을 지린 노인들이 있어 좌석에 배어 있다는 소리를 들어서 앉기 싫다는 거였다. 그 소리를 듣고는 빈자리에 앉으면서도 찜찜함을 감출 수 없다.

유난히 긴 여름을 보내고 오늘도 지공승(지하철 공짜승객)이 되어 경로석을 기웃거린다. 지하철 안에서 약속 없이 만나는 우연도 여러 번 경험한다. 노인 인구가 많아짐에 따라 노인들의 무임승차도 문제가 많은 걸로 보도되는데 너무나 당당한 어른들이 많아 부끄럽기도 하다.

몸은 경로석에 앉았지만 곱게 나이 들어가야지 생각하며 시니어 뮤지컬 배우로서 마지막 몸을 불태우겠다고 연습하러 지하철을 탄다.

2024. 10.

축하 화분

이렇게 예쁜 꽃들의
축하 리본을 떼 냈고 낙화(洛花)가 시작되고
눈뜨면 아침마다 떨어진
슬픈 꽃잎을 줍는다
만개한 꽃잎이 한 달을 넘기면서
서서히 생(生)을 마감한다

인간에게도 전성기가 있었지
오늘도 목 떨어진 꽃잎을
세 개나 주워서 버렸다

이 봄에는 청주의 지인, 동네 친구, 딸이 보낸
노란 프리지어 세 다발이 거실을 환하게 해주었다
눈이 호강하고 코가 감미로웠는데
꽃잎은 한잎 두잎 슬프게 떨어져 내렸다

4

유품

유품

　TV 아침마당 프로에 「나의 진품 명품」이란 코너가 있어서 보니 출연자들이 가지고 있는 애장품을 들고 나와서 물건에 얽힌 사연을 소개한다. 그중에는 유품이 많았다.
　시아버지가 소천하신 지 올해로 30년이 지났다. 얼마 전 실외기 정리를 하다가 아버님 생전의 노트를 발견했다. 노트를 대하며 많은 생각이 떠올랐다. 아버님의 며느리가 되어 가족이 되었을 때 유명 백화점에서 밤색 가죽 숄더백과 예쁜 블라우스를 사주셨다. 젊은 새댁은 아버님에게 인정받고 사랑받는 최고의 며느리가 된 것 같아 행복했다.
　아이를 낳게 되고 세월의 때가 끼면서 당돌한 며느리가 되어

갔다. 나의 잣대로 판단하고 아버님의 사생활을 들추며 존경의 마음은 사라져 갔다. 지금은 이해할 나이가 되었지만 그때만 해도 현실이라는 벽이 나를 가로막았던 것 같다. 결혼 2년 후 분가하여 서울로 와서 살다 보니 아버님과의 추억은 많지 않다. 1994년 여름, 임종 직전 아버님이 중환자실에 계실 때 문병을 간 적이 있었다. 며느리의 눈길을 피하며 나를 꾸짖는 것 같은 외면의 몸짓은 잊을 수가 없다. 며느리가 불편하여 딸이나 아들이 옆에 있기를 바랐는지는 몰라도 지금까지도 그 장면은 뚜렷이 떠오른다.

겉장과 속이 분리된 노트를 차분히 넘겨 보았다. 한글과 한자가 섞인 글씨는 아무나 흉내 낼 수 없는 명필이었다. 펜촉을 갈아서 쓴 세필은 요즘에는 쉽게 볼 수 없는 글씨였다. 노트에 담긴 내용을 다는 모르지만 조상들의 계보, 시, 중국 역사, 우리나라 역사가 섞여 기록되어 있었다. 딱 30년 만에 세상 빛을 보게 된 노트를 잘 간직하고 싶은 생각이 들었다.

출판사, 잘 아는 교수님, 우리나라에서 내로라하는 고전학 교수님을 각자 만나 뵙고 의논을 했더니 보시는 분마다 탄복을 하고 글씨체로는 천재라는 소리를 하셨다. 책으로 내 보자는 소리를 듣고 몇 부나 찍어야 하는지 결정 단계에서 시 숙부님께 전화를 넣었더니 그 노트를 형님이 가져오셔서 본 적이 있는데 그만한 가치가 없다며 말리는 것이었다. 모처럼 효부 노릇 하려 했다가 마음이 정해지지 않아 보류 중에 있다. 이유라면 요즘은 쉬운 글도 읽지 않은데 그 어려운 글을 읽어 줄 사람이 없다는 생각이 들어서이다. 고전학 교수님을 만난 날 노트와 함께 있던 청도군지(淸道郡志)와 한국유림독립운동, 파리장서약사(韓國儒林獨立運動/巴里長書略史)는 그 자리서 필요하신 분에게 건네 드렸다.

아버님은 손재주가 남달랐고 왼손잡이셨는데 통나무로 만든 옷궤짝, 찬장 같은 가구를 예쁜 색상까지 입혀서 기막히게 잘 만드셨다. 감탄이 절로 나왔지만 겉으로는 표현한 적이 없었다. 요즘도 가끔 만드는 과정의 노력은 생각하지 않고 지금 내가 그 가구를 지니지 못함을 안타까워하고 있는 나를 발견한다.

아버님에게 자식 노릇 잘 못한 내가 누구를 나무랄 자격도 없지만 시어머니가 며느리를 낳는다는 말이 있다. 딸과 며느리가 이렇게 다르구나 하는 생각을 할 때가 있다. 내 수필집을 냈을 때 딸들은 너무나 좋아하고 엄마를 자랑스러워하는데 며느리는 그런 게 보이지 않았다. 며느리에게 아는 친구나, 손자 부성이를 가르치는 선생님한테 드리라 했을 때 반응이 시큰둥해 보이는 것은 나만의 생각인지 표현을 안 해서 내가 모르는 건지 나의 거울이라는 생각이 들 때가 있다.

가끔 TV에서 하는 「진품명품」이란 프로를 보면 윗대 어른들이나 아버지가 지니고 있던 유품을 전문 감정가가 감정을 하고 수

억대의 가치가 있는 것을 볼 때가 있다. 농담 삼아 우리는 저런 행운도 없다고 했을 때도 있었다.

아버님의 노트 마지막 장에는 "그해 일본사신(日本史臣) 등이 와서"까지 쓰다만 글이 멈춰 있었다. 마지막 편집을 하다가 기력이 달렸는지 몸 어딘가에 통증이 있었는지 그 당시 상황은 모르지만 마음이 아려왔다. 유림에 가신다고 검정 두루마기를 챙겨 입고 탕건을 쓰고 출타를 하시는 걸 본 적이 있다. 유림에 가서 제례를 지낼 때 잔 한잔 올리는 것만도 가문의 영광이라고 들은 것 같았다. 그때는 관심도 없었다. 지금 생각하니 좀 더 자세한 얘기를 귀담아들을 걸 하는 아쉬움이 남는다.

이번 총선 때 야당 의원 후보의 퇴계 선생 관련 망언으로 안동 유림들이 분노하며 상경한 걸 보았다. 아직도 건재한 유림들도 있다는 것을 보며 아버님이 떠올랐다. 금액으로 환산할 수는 없지만 귀한 유품을 보며 아버님에게 죄스러운 마음이 든다. 살아 계실 때 좀 더 잘해 드릴 걸 하는 때늦은 후회를 했다. 원본이라도 잘 보존하여 우리의 후손 중에 역사학 학자라도 나와서 관심을 갖고 알아봐 줬으면 하는 욕심 하나 가져본다.

2024. 4.

해사(海士)와의 인연

2025년 3월 7일 오늘은 해군사관학교 79기 해사 졸업, 임관식이 있는 날이다. 잠수함 연맹 회원으로서 초대를 받았다. 서울역 TMO에 모인 우리는 해군에서 준비한 큰 명찰을 목에 걸고 KTX를 탔다. 창원 중앙역에 내려 대형 버스에 옮겨 타고 진해 해군사관학교에 도착했다. 몇 번 가 본 곳이지만 첫사랑을 만나는 것처럼 늘 설레는 곳이다. 미리 식탁 위에 차려진 훌륭한 식사를 마치고 화장실을 가는데 양치 세트, 입을 헹구는 가글 병이 가지런히 놓여 있다. 늘 칼같이 움직이는 시간과 부족함 없는 배려에 탄복한다.

내빈석과 바다를 사이에 두고 운동장에는 절도 있게 움직이는 해군복의 생도들이 있고 군악대의 음악 소리가 3월의 훈풍과 함께 웅장하게 울려 퍼졌다.

원래 해사 임관, 졸업식 때는 군 통수권자가 참석하는데 작금의 대통령은 직무 정지가 되어 있어 권한 대대행의 축전으로 대신하고 있다. 국방장관의 축사도 권한 대행이 하였다. 이 나라에 살아가는 국민의 비애라면 너무 비약한 표현일까? 어수선한 나라이지만 군은 맡은 바 자기 일을 충실히 하고 있어 잠시나마 안도의 가슴을 쓸어내렸다.

한 공간에 함께 이동할 사람들이 대형 버스로 가는데 낯익은 얼굴이 정복을 입고 걸어오고 있었다. 평소에 잘 아는 사람처럼 악수를 청했다. 그분은 이국종 교수였다. 우리나라 최고 권위의 외상센터 외과의사이며 여러 방면으로 유명하신 분이다. 지금은 국군대전병원장으로 있는 것으로 알고 있다. 그분의 책도 구입해 읽었고 특히 친근감이 가는 것은 16년 같이 수필 공부를 한 한혜정 선생님의 초등학교 제자라는 이야기를 많이 들어서이기도 하다. 아는 체하고 싶어 한 선생님 이름을 대었다. 잠시 생각하더니 알겠다고 했다. 긴말을 나눌 수 있는 시간은 허락되지 않았다. 뒤에도 악수할 사람이 줄을 서고 있어서이다. 이 나이가 되니 막 들이대는 뻔뻔함도 아무렇지 않게 하는 재주가 있다. 우리에게는 유명한 연예인을 만나는 것보다 더 좋았다.

축사도 끝났고 임관하는 생도들을 호명하며 사관생도 개개인의 국적, 인적사항, 다짐, 가족사진을 일일이 보여 주며 소개해 주었다.

오늘의 하이라이트, 바다에는 배가 뜨고 하늘에는 헬리콥터가 힘차게 날아오른다. 수면 위 낮게 날던 헬리콥터에서는 무장한 군인들이 낙하산에서 뛰어내린다. 축포가 터지고 우리를 향해있는 거북선에서는 빨간색 수증기(연기)가 뿜어져 나온다. 사열하며 퇴장하는 해군들은 새로운 장교의 길을 갈 것이다. 그 늠름한 모습은 정말 멋있었다.

오후 2시에 시작한 해사의 임관, 졸업식 분위기가 무르익어 갈 무렵 핸드폰에서는 윤 대통령의 석방 소식이 날아들었다. 석방 날짜에 관심이 쏠렸고 난무하는 정보에 많은 국민들은 갈피를 잡을 수가 없었다.

식을 끝낸 우리들은 해결되지 않는 궁금증을 안고 서울로 오기 위해 대형 버스를 타고 창원 중앙역에 왔다. 인솔한 군인은 서울로 가는 기차를 태워 보낼 때까지 임무를 다하겠노라고 거수경례를 하고 도넛과 주스를 챙겨주었다. 대합실에 자리한 일행은 옆자리의 군복을 입은 군인에게 간식으로 준 도넛을 건네니 어찌할

바를 몰라 했다. 갑자기 몰려온 할아버지 할머니들이 낯설기만 했을 거다. 우리 설명을 듣고 안심한 군인이 겨우 도넛을 입에 물고 먹기 시작했는데 어른들이 질문을 하니 어려워서 대답을 잘 못했다. 군모 아래 앳된 얼굴을 보니 손자뻘이나 될 것 같았다. 이제 군 입대 4개월 차라고 하니 어른들의 호의도 어려웠을 것이다. 군인 손자라고 부를 수도 없고 어릴 때 불렀던 군인 아저씨 호칭은 우리에게 더 이상 존재하지 않았다.

  군인의 수도 줄어든다 하고 가는 곳곳마다 해결할 것이 산재해 있는데 정치를 모르는 나도 가슴이 답답해 옴을 어쩔 수 없다.

  돌아오는 차 안에서 생각해 보았다. 사분오열, 좌우로 쪼개진 이념과 사상은 조금의 양보도 없이 평행선을 달린다.

  벚꽃 피는 계절보다 일정상 진해를 일찍 다녀왔지만 만개한 벚꽃 철은 금방 온다. 아무것도 할 수 없고, 알 수 없는 민초의 마음으로 염원한다. 후손에게 더 이상 혼란 없는 살기 좋은 나라를 물려주고 싶다. 자연은 때가 되면 말없이 우리 곁을 찾아오듯이 우리나라도 모두가 제자리를 잡는 따뜻한 봄이 오길 기대해 본다.

2025. 3. 7.

기부자

한 달 반 전에 미리 약속된 송년회 겸 단합대회를 하러 가는 날이다. 간밤에 내린 첫눈은 표현할 수 없을 만큼 아름다운 꽃눈이 되어 가슴까지 설레게 한다. 오전에 수필 수업이 있고 저녁 6시 약속이니 오늘 하루는 오롯이 밖의 일로 반납한다.

새조위(새롭고 하나 된 조국을 위한 모임)에서 마련한 송년회는 서울클럽에서 있었다. 동국대역에 내려 신라호텔을 옆으로 끼고 10분쯤 걸어가야 도착한다. 종일 내리던 눈발이 잠시 그치고 지는 해가 노란 햇살을 길 위에 쏟아 놓는다. 나뭇가지가 휘어지게 내려앉은 눈은 환상이었다. 눈을 돌리니 저 숲길 안쪽에 검은색 유관

순 상(像)이 있다. 상의 머리, 어깨, 치마폭, 치켜든 횃불 위에도 하얀 눈이 쌓여 있다. 그 모습도 아름다웠다. 혼자 보기는 아까운 설경이다. 인적이 드문 거리에 건장한 외국인 남자 둘이 탄복을 하며 눈을 배경으로 사진을 찍는다.

회원권(멤버십)이 있어야 출입하는 곳에 지인의 덕분으로 하나의 일원이 된 것도 감사하는 마음을 가지고 시작 2시간 전에 도착했다. 스태프들이 무대 장식을 끝내고 초대된 52명이 송년 파티를 시작했다.

새조위 36주년 '함께라서 여기까지 왔습니다'라는 현수막을 걸고 태극기에 대하여 경례, 애국가 제창을 했다. 나라를 위한 애국심이 가슴 뿌듯 차올랐다. 새조위는 북한 이탈 주민의 정착과 통일 운동을 하며 크고 작은 일들을 한다. 세월의 바퀴가 35번 흘러간 지난해에는 새조위 대표(신미녀)가 국민 훈장 동백장을 수상했다. 나의 2권째 수필집 출간과 겹쳐 함께 축하하는 자리를 마련해 주었다. 올해 10월 뮤지컬에도 많은 분이 오셔서 관람해 주었다. 개인적으로 너무나 감사해 힘닿는 데까지 돕고 싶은 단체다.

오늘의 송년회에 52명의 초대 손님도 대내외적으로 모두 훌륭하신 분들이지만 그중 한 분을 어렵게 모시는 뜻깊은 날이었다. 우리들 사이에 얼굴 없는 천사로 알려진 분이 계신다. 그분에 대한 얘기를 들어보면 어느 날 대표와의 만남을 갖자고 했단다. 누구의 소개도 아니고 새조위에 대해서 들어 본 적도 없는데 인터넷을 뒤지고 혼자서 다 알아본 후에 좋은 일을 하는 단체라는 걸 알고 큰돈을 쾌척했다고 한다. 가끔은 국수, 단 호박, 가래떡 등 물품을 보내주어 탈북민과 이웃들이 넉넉하게 먹고 쓸 수 있었다.

몇 년 동안 후원금을 보내주면서도 알려지는 걸 꺼려 해서 만나 볼 수가 없었다. 이번 송년회 때 어렵게 부탁해서 참석하게 되었으니 모두의 호기심과 궁금증은 극에 달했다. 그분을 집까지 모시러 가겠다고 했는데 사양하고 지하철을 타고 온다고 했다. 초행이라 길을 잘못 들어 조금 늦게 도착했다. 모든 행사의 포커스가 그분에게 맞춰 있었다.

천사의 날개라도 달고 오는 상상을 했는데 천사의 날개는 집에 고이 접어 두고 왔는지 보이지 않았다. 키가 크고 아주 서민적인 이웃집 아저씨 같았다. 어렵게 모신 분이라 긴장도 되었지만 너무 편하고 흡족해하는 것 같아서 행사는 잘 진행되었다. 기자 출신의 사회자도 흥을 돋우고 참석자가 사촌 언니라고 모시고 온 「립스틱 짙게 바르고」 가수 임주리의 라이브도 들을 수 있었다. 임주리의 엔딩 곡 때 참석자 모두는 어린아이들처럼 뒤에서 허리를 잡았다. 꼬리에 꼬리를 물고 테이블 사이를 누비는 기차놀이로 절정을 이루었다. 성별도 나이도 상관없었다. 기부자도 모두 함께였다. 새끼줄에 엮인 굴비처럼 하나의 단합된 단체였다.

NGO(비정부 기구)는 국가나 다른 단체의 간섭을 받지 않고 자발적으로 이루어진 민간단체라 거의 후원금으로 이루어진다.

그러므로 기부자는 절대적으로 필요한 것이다. 주위에 잘사는 사람도 있고 가난한 사람도 있지만 남을 돕는다는 것은 쉬운 게 아니다. TV에서 구호, 후원, 기부라는 방송이 나오면 내가 감당하지 못하는 것이라 생각하고 채널을 돌려버리는 비겁한 내가 새삼 부끄러워진다.

기부자에게 작은 선물이라도 하고 싶었지만 감사패도 거부해서 포장 없는 작은 선물로 대처한 걸로 안다. 기부자는 많은 기부를 했지만 모임은 처음으로 참석했다. 앞으로도 힘닿는 데까지 돕겠다는 말을 남겼다.

어려운 시기에 기부자는 정말 천사로 보였다. 소담스레 첫눈 오는 날 기부자의 따뜻한 마음이 전해져 와서 겨울밤이 훈훈했다.

2024. 11.

명상 여행

 몇 년 전 잘 아는 동생한테 빛 명상 『행복 순환의 법칙』이라는 책을 선물 받았다. 생각해서 주는 선물 같아서 열심히 읽었다. 지금 돌이켜보니 내용은 잘 생각이 나지 않지만 이화여대에서 큰 행사가 있던 날에 일기예보에서는 소나기가 100프로 온다고 했는데 빛을 이용하여 비를 멎게 한 능력이 있다는 글이 생각난다.
 동생은 그 책에 손을 대고 있기만 해도 마음이 편안하고 일이 잘 풀린다고 했다. 과연 그럴까 생각만 하고 있을 무렵 다른 한 동생이 명상 책 펴낸이를 안다고 했다. 그분에 대해 좋지 않은 소리를 해서 그럼 그렇지 하며 차츰 잊혀 갔다.

며칠 전, 지인이 여행을 좋아하는 나보고 1박 2일 여행을 가자고 했다. 참가 회비가 10만 원인데 세일 기간이라 6만 원만 내면 된다고 했다. 무슨 내용인지도 모르지만 여행 날짜가 다가오니 설레기도 했다. 6명은 얼떨결에 풍기로 가는 KTX를 타고 영주로 가게 되었다. 기차역에서 택시로 5분 거리에 있는 건물은 벽 전체에 벽화가 그려져 있고 주차장에는 좋은 차들도 여러 대 있었다. 여느 시골의 집들과는 좀 달랐다. 4층 높이는 됨직한 2층을 올라가니 이미 사람들이 많이 모여 있었다. 사전지식도 들어 본 적도 없는 곳에 그 사람들의 일부가 되었다. 차츰 알게 된 것은 '한 삶'이란 카페를 운영하며 명상을 하는 원장 주인이 있었다. 명상을 시작하기 전 대구에서 왔다는 분은 보이차를 우려내며 보이차의 효능과 좋은 점을 설명하며 끝없이 보이차 홍보를 했다.

  차를 마시거나 명상을 할 때면 가부좌를 하고 차를 마시는 예법에 따라야 하지만 난 다리가 뻐근해 와서 그렇게 하는 게 쉽지 않았다. 차를 마시고 프로그램에 따라 명상 시간이 되었다. 한 사람에 하나씩 매트가 주어지고 앉거나 누워서 편한 자세로 명상을 하라고 했다. 가부좌가 명상의 기본이라면 양반다리도 하기 어렵고 앉아 있으니 허리도 아팠다. 힘들어서 일어나 소파에 앉아 있기도 했다. 아무도 눈치를 주거나 관심도 없지만 나 자신은 편치

만은 않았다. 나를 데리고 간 지인은 불편하고 미안해했다. 괜찮다고 했지만 도통 뭐가 뭔지 헷갈리긴 했다. 사람은 의식 레벨, 의식 수준이 있다고 한다. 의식 숫자가 높으면 높을수록 편한 삶을 산다고 했다.

명상 시간에는 명상 선생님이 무엇을 계속 주문처럼 입으로 외우고 있었다. 잘 알아듣지도 못하는 말 속에 아리랑이란 노래가 섞여 있기도 했다. 그중 의식 레벨이 낮은 자폐아 수준의 아가씨의 의식 레벨을 많이 올려놓았다고 했다. 그리고 그 공간에는 악기 명상의 악기들이 진열되어 있었다.

중국에서 왔다는 천시아란 독특한 이름을 가진 사람은 우리나라 보이차 총판을 가지고 있다고 했다. 직관이란 게 있어서 명상을 하는 중에 누구에게 가서 기를 불어 넣을지 모른다고 하며 하얀 천사 같은 옷을 입고 크게 팔을 벌렸다가 두 손을 모으면서 한 사람씩 각 사람 앞에서 해 주고 있었다. 나는 실눈을 뜨고 자세히 보았다. 혹시나 내 앞에 멈추려나 했지만 그냥 지나쳐갔다. 어떤 사람은 눈물을 주체할 수 없게 흐느끼기도 했다.

악기 명상은 우리나라 징 크기의 수십 배가 되는 것도 있었다. 바로 앞에서 들으니 천둥소리보다 훨씬 크게 들렸다. 어떤 사람은 악기 소리가 가슴을 뻥 뚫어 주는 것 같다고도 했다. 두 번 정도의 명상이 끝나고 휴식 시간이 주어졌다. 점심은 배달을 시켰는데 푸짐했고 과일, 떡도 남아돌았다. 보이차 마시는 시간이 주어지고 오후 명상이 시작되었다. 명상을 끝내고 느낌과 소감을 물었다. 내게는 묻지도 않았지만 대답할 말도 없었다. 모든 생각은 마음에 달려 있다. 마음 공부를 하는 것이었다.

 명상은 끝이 났다. 일부의 사람들은 돌아가고 저녁을 먹기로 한 사람, 잠을 자기로 할 사람들이 남았다. 시간을 놓쳐 저녁 해결은 텃밭에 있는 채소를 뜯어서 비빔밥을 만들었다. 나는 명상하는 것보다는 주방에서 밥하는 것을 거드는 게 훨씬 편했다.

 한 삶 카페는 임시 휴무로 식당이 되었다. 기 명상의 천시아 선생은 천사의 날개옷을 벗고 평상복을 입었다. 악기 명상의 호암 선생은 개량 한복을 벗고 청바지와 티셔츠로 갈아입었다. 배낭을 짊어지고 식탁에 둘러앉으니 다른 사람인 줄 알았다.

 저녁을 먹고 우리 일행 중 주류회사에 다니는 옥이는 배낭에서 술을 꺼냈다. 청바지의 호암 선생은 통기타로 포크송과 팝송을 치고 우리들은 노래를 따라 불렀다. 자리는 유쾌했고 현실에 안주하는 이게 더 인간적이라는 생각이 들었다. 사는 곳, 나이, 직업도 다양한 사람들이 모였고 생각도 모두 다르다. 피나는 마음 공부를 하는 사람들을 이해는 하지만 잘 동화되지는 않는다. 명상을 가르치는 것도 일종의 직업이었다. 명상을 하는 사람들에게는 분명 큰 행사였다. '의식 코칭과 근원 명상' 10주차 줌 수업안내란 문구가 떴다. 6월 9일까지 신청하면 40프로 할인이라고 한다.

  난 신청하지 않았다. 처음부터 할 마음이 없었다. 빛 명상, 기 명상, 악기 명상, 의식 코칭을 연구하는 그 분야에서는 내로라하는 분들이었다. 사람은 각자의 가는 길이 있다는 생각을 해보는 날이다.

2022. 5.

여자라서

수술한 지도 벌써 5년이 가까워 마지막 정기 검사 한 번을 남기고 있다. 이제 접수, 검사 차례도 버벅거리지 않고 쉽게 할 수 있게 되었다. 요즘은 집에 누워서 손가락 하나면 검사 날짜 변경, 수납을 할 수도 있다. 세상은 하루가 다르게 최첨단으로 변해가지만, 우리 몸은 비례해서 쇠퇴해간다.

검사를 하고 일주일 후면 담당 의사가 결과를 말해 준다. 내 차례가 되어 이름을 부르면 남편은 내 옆으로 쪼르르 달려와 잉꼬처럼 나란히 앉아 검사 결과를 듣는다. 남편은 나보다 이것저것 더 상세하게 묻는다. 의사 선생님도 이제는 당연히 함께 오는 줄 알고 있다. 담당 의사는 한 번이라도 더 혜택을 주려고 배려한다. "컨디션은 어때요?"라고 물었고 이상 없다는 검사 결과를 들었다. 그 자리서 셋은 누구라도 피해갈 수 없는 죽음에 대한 이야기도 나누었다.

TV「아침마당」프로에서 노래자랑을 하고 있다. 오래전 아내를 잃은 90세 할아버지가 노래자랑에 출연한 며느리 소개를 하고 있다. 식당을 운영하면서 가수의 꿈을 버리지 않은 바쁜 며느리가 시아버지에게 아침저녁으로 문안 전화를 한다고 한다.

그 소리를 듣던 남편이 만약에 당신이 없으면 우리 며느리도 그렇게 할 수 있을까?라며 풀이 팍 죽어서 말한다. 아마 혼자되면 지금보다는 더 많이 연락하지 않을까 말해 주었다. 그 소리에 그것도 아들한테 달렸겠지 하며 대화를 마무리했다. 만약에 혼자가 된다면이라는 생각만 해도 불안한가 보다. 여자는 뭐가 다를까? 가만히 반문해 본다. 태어났으니 살아야 하고, 세월 가면 늙어야 하고, 언젠가는 이별도 하겠지, 여자가 남자보다 평균 수명이 훨씬 길다. 그렇지만 운명이란 아무도 모른다. 나이가 들면 상대의 나이를 궁금해하고 그들에게 내 삶을 연관시켜 보기도 한다.

취미생활을 하든 카페나 식당을 가든 온통 여인 천지다. 연금 타면서 혼자되신 분이나 아직 현직에서 활동하는 분이 아니면 남자들이 돈 쓰기가 참 어려운 것 같다. 뮤지컬 할 때만 해도 남자들이 배우러 왔다가 등록비, 공연비를 내라면 그다음 날부터 나오지 않는다. 우리 수필반만 해도 남자 선생님이 귀하다. 여행을 가도 가끔 부부들이 오기도 하지만 여행객은 거의 여자들이다. 어딜 가도 주머니 잘 여는 사람은 여자다. 요즘에는 가끔 대우 못 받는 남자로 태어났으면 어쩔 뻔했을까 아찔하기도 하다. 주머니 잘 열고 능력 있는 남자가 들으면 뭇매를 맞을 수도 있지만 세태가 그러한 것 같다.

　언제부터 남자들의 위상이 이렇게 추락했을까? 어린 시절만 해도 우리 집은 5남 1녀인데 동네에서 어른들은 마침맞다(이상적이다)라는 소리를 했다. 남자가 귀한 건지, 남자라면 세상을 다 살릴 수도 있을 것처럼 남아 선호 사상이 팽배했다. 딸 둘을 낳으니 시어머니는 아들이 있어야 된다며 태아 때 성별을 미리 알아봤고 공을 들인 게 40년 전이었다. 요즘은 딸 둘에 아들 하나라 하면 금메달감이라는 소리를 듣는다 세월이 지나면서 딸이 있어야 비행기 탄다는 소리도 유행했다. 지금은 딸을 낳으면 성공한 것 같이 너무나 좋아한다. 남자들의 명예회복은 언제쯤이나 될까? 딸 가진 엄마들의 위상이 하늘을 찌른다. 고부간의 갈등보다 장서 간의 갈등이 더 많다 하니 나만이라도 장모 노릇 잘해야겠다는 생각을 해 본다.

 그래도 다행인 건 남편과 내가 며느리 이야기를 한 주말에 며느리가 친정에서 해 온 김장김치와 시아버지가 좋아하는 해물 부추전거리, 청양고추 멸치 반찬을 잔뜩 싸 가지고 왔다. 시아버지의 걱정과 외로움을 조금이나마 덜어 주었다. 마음이 조금 풀린 남편이 며느리에게 묻는다. 어쩌면 너는 시어머니가 여행 갔을 때 전화 한 통화 없느냐고 한다.

 저 어머니 여행 가신 것도 몰랐다고 하는 며느리, 소통의 문제라며 웃었다.

 여자의 작은 가방 하나도 받아들고 딸랑딸랑 따라가는 젊은 남자들, 내 남편도 남자이고 아들도 남자인데 큰소리 못 내는 남자들이 안타깝기도 하다. 가끔은 위축되어 가는 남편의 기를 살려 주어야겠다. 난 여자라서 그나마 다행으로 생각해야 하나 생각이 많아진다.

2024. 11.

효(孝)

 둘째는 이제 결혼생활 10년을 넘겼는데 딸 아들 남매를 두었다. 결혼을 하고 첫아이 임신 때부터 시부모와 함께 여행을 다니기 시작했다. 유럽 한 달을 여행하기도 하고 국외, 국내를 두루 다닌다. 여행 기간도 짧게, 길게 연중행사가 되었다. 올해도 어김없이 3대 여섯이서 열흘간 일본 여행을 떠났다. 우리들과 달리 젊은 세대들은 시집살이가 싫어 시금치 '시' 자만 들어가도 진저리를 친다는 세상인데 시부모와의 여행은 친정 엄마의 입장에서는 시류에 휩쓸리지 않아 다행이라는 생각이 든다.
 나라에 충성하고 부모에게 효도하라는 말을 익히 듣고 자란 우리들은 다른 연습이 필요 없었다. 중매도 없이 현풍 곽(郭)씨한테 시집와서 오늘에 이르렀다. 윗대 어른들의 세대가 가고 우리가 30대 중후반이 되어갈 때 곽씨와 혼인한 4촌들이 부부동반 모임을 했다. 일 년에 한 번씩 집집마다 돌아가며 하다가 나중에는 이름난 명소나 관광지를 찾기도 했다. 우리 집 곽씨 남편은 특별한 이유 없이 불참하기도 했다. 가지 않겠다고 하면 혼자라도 꾸역꾸역 그 행사에 빠지지 않았다. 그게 도리고 남편의 체면을 깎지 않는 것이라 생각했던 것 같다.

남편이 부재중일 때도 조상의 기일을 빠짐없이 챙겼다. 경북 현풍에 있는 산소 벌초를 갈 때도 내가 먼저 간다고 해야 간다. 시아버지 유품인 책도 백방으로 알아보고 깨끗하게 제본하여 남기려고 노력했다.

이장하여 납골당에 모신 시어머니 뵈러 명절 전후나 가끔 가고 싶을 때 남편이 가자고 하면 군말 없이 따라 다닌다. 오늘은 납골당을 다녀오면서 남편이 하는 말이 당신은 좋겠다는 거였다. 왜? 라고 했더니 엄마가 아들보다 며느리를 더 좋아했으니 하는 거였다. 듣기 싫지는 않았지만 속으로 그게 대수냐고 생각했다.

곽씨 가문에 시집와서 50년이 다 되어 가긴 하지만 주객이 전도된 것도 아니고 아직도 몸에 착 붙는 맞춤옷도 아닌 엉거주춤 곽씨도 아닌, 아직도 골수 안씨를 고수하며 살고 있다. 시집와서 당연하다고 생각하며 살아온 게 특별한 일이 될 수도 있나 보다 생각했다.

곽씨 사촌 모임을 가면 동서들이 신기하리만치 착하고 하나같이 남편을 잘 챙기는 것을 볼 수 있다. 예부터 현풍 곽씨 가문에 효부열녀가 많이 나왔다고 전해진다. 며느리끼리 하는 소리로 효부열녀는 결국 타성받이 여자였다고 소리를 높이기도 한다. 역지사지 좋은 마음으로 생각하면 남편은 아내를 총알받이로 내세웠지만 악역은 남편이, 공은 내가 받았으니 감사해야 하나라는 생각도 든다.

이제 사위, 며느리도 보았고 구습(舊習)이라는 소리를 들을망정 며느리와 전을 부치고 차례 음식을 장만할 때 가끔은 내가 살아온 것과 조상 이야기를 흘린다. 알게 모르게 산교육이라 생각하며 라떼가 되어 본다.

둘째가 혼인할 때 시댁에 인사드리러 갔는데 시조부님이 성씨를 물어보아 현풍 곽씨라 했더니 한학을 하신 분이라 곽재우 어른에 대한 얘기도 들려주시고 더 이상 볼 것도 없다며 흡족해했다는 생각이 난다.

세상은 하루가 다르게 변해 간다. 명절 음식을 하기 싫다고 시집에 가는 걸 싫어하며 부부싸움을 하고 이혼까지 가는 경우도 있다. 명절 증후군이란 신조어도 생겨났다. 유산(돈)만 바라는 자식들, 고부갈등을 겪고 핵가족이 되면서 시어머니가 찾아오지 못하게 아파트 이름을 어렵게 짓는다는 말도 흔한 말이 되었다. 비밀번호를 가르쳐 주지 않는 며느리가 있다고 욕하는 시어머니들, 조금만 이해하고 배려하면 서로의 마음을 다치지 않을 텐데 하는 안타까움도 드는 게 사실이다.

만약에 시집간 딸들이 살기 힘들다고 아우성친다면 그 꼴을 보는 부모 마음은 무너지지 싶다. 다행히 어른들과 잘 지내며 해마다 여행을 함께하는 딸을 보며 마음을 놓는다. 여행 중에 보내온 삼대의 사진은 그림처럼 아름답다. 내 마음속 완전체 가족으로 보였다. 올해 외손녀가 초등학교 입학을 한다. 학교를 다닐 만큼 컸지만 오래오래 삼대의 여행이 이어지길 바라본다.

사돈어른들의 배려가 없으면 있을 수 없는 일이니 사돈에게 감사함을 전하고 싶다. 효(孝)는 멀리 있지 않다. 잡음 없이 살아 주는 것이다.

2025. 2.

저수지

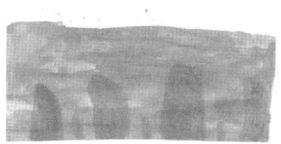

 큰딸은 엄마가 보내 준 참기름이 세상에서 제일 고소하고 맛있단다. '엄마표 참기름' 마지막 병이라며 들고 있는 사진이 카톡방에 올라왔다. 우연히 알게 된 참기름 집에 5병, 10병 단위로 주문을 한다. 즉석에서 짜서 보낸 기름병에는 뜨뜻하게 미온도 남아있고 고소한 냄새는 병을 뚫고 전해질 정도다.
 오늘은 딸 얼굴도 볼 겸 참기름 2병을 전해 주고 돌아오는데 생각지도 않는 돈이 입금되어 넙죽 받게 되었다. 참기름 1병당 10만 원이 먹히는 액수라 좋기는 했지만 자식이라도 미안했다.
 핸드폰을 보던 내가 어!? 입금되었네 하니 운전석의 남편이 당신은 저수지를 많이 파 놔서 좋겠다는 거였다. 저수지? 고개를 갸웃하다가 저수지의 의미를 생각하다가 풀썩 웃음이 터졌다.

98학번 큰딸이 미대를 지망했고 식구 모두가 사전답사를 간 날 큰딸은 캠퍼스가 너무 마음에 든다며 이 학교를 희망했다. K대 미술대 의상디자인과에 합격하고 입학금 납부하는 날이 되었다.

남편의 사업은 바닥을 쳤고 준비된 입학금은 펑크가 났다. 내일 끼니가 없어도 일단 입학은 해야 했다. 입학금 액수는 세월이 흘러도 잊히지 않는다. 그 당시 예대라서 그렇겠지만 타 대학보다 훨씬 많은 3백4만 원이었다. 미리 맞춰 놓은 입학금 일부를 빌려주었는데 받지 못했다. 마감 시간은 다가오는데 입학금을 다 채우지 못한 속은 새까맣게 타고 있었다. 보내겠다는 사람의 돈을 기다리는 마음은 일각이 여삼추였다.

등록비 마감일은 마침 토요일이었다. 마감 전 30여 분을 앞두고 입학금을 맞출 수 있었다. 남편은 카레이서가 되어 교통법규 위반도 감수하고 차를 몰았다. 아무 생각도 없고 오직 학교 입학금 받는 창구가 닫히지 않길 바라는 마음만 간절했다. 나중에 교통 위반 딱지가 많이 날아왔지만 그 당시는 어쩔 수 없었다. 살아오면서 수많은 사연 사건들이 있지만 그날의 일은 오랫동안 잊지 못하고 살았다.

큰딸이 2001년에 대학 4년을 마쳤고 02학번으로 둘째가 미대에 입학했다. 또 2년 뒤 막내아들이 대학을 갔다. 부모의 미래는 없었다. 오직 자식의 학교 뒷바라지에만 정성을 쏟았다.

우리가 클 때 친정엄마는 말씀하셨다. 남편 직업이 공무원이면 박봉이라도 밥은 굶지 않는다는 말씀을 하셨다. 딸의 고생이 가슴 아픈 엄마였다. 엄마는 딸이 고정적인 월급을 타는 남편 만나기를 기대했지만 엄마가 살아 계실 때 그런 일은 일어나지 않았다. 남편은 엄마가 고인이 되시고 난 뒤, 10년 넘게 고정 월급을 받는 회사를 다녀 생활이 많이 안정이 되긴 했다.

주위에 어른들 얘기를 들으면 자식들이 매달 고정적인 용돈을 준다는 집도 있고, 자식들에게 생활비 지원을 해 주는 집도 있다. 아이들 말을 들으면 친구들의 부모들이 부자라서 용돈을 드리기는커녕 도움을 받는 친구들이 많다고도 한다. 자식도 자식 나름이고 부모도 부모 나름이니 각자 형편대로 사는 게 아닌가 싶다. 우리 아이들은 잘 커 주기도 해서 감사한 마음인데 생각지도 않게 과한 용돈을 챙겨 주기도 한다.

살면서 우리들은 과도기, 낀 세대라는 소리를 많이 하고 살았다. 위로는 부모님 봉양하고 자식들 키워야 한다는 소리였다. 주는 게 익숙해서인지 아이들이 스스로 챙겨 주는 용돈이지만 당연하다거나 편하게 받지는 못한다.

　삼 남매가 제 짝을 만나 결혼하고 우리도 70 나이를 넘었다. 올 설날에도 삼 남매와 손자녀들이 모였다. 세배를 하고, 덕담을 나누고 세뱃돈을 준다. 설날 전에 남편은 6개의 봉투에 세뱃돈을 담아놓고 기다린다. 삼 남매의 세뱃돈은 부부 봉투로 준다. 자식들은 돈 봉투를 엄마 아빠 따로 챙겨준다. 요즘의 돈거래는 호떡 하나 사도 핸드폰으로 손가락만 까딱하면 되는 숫자놀음이지만 세뱃돈만큼은 현금이다. 불룩해진 봉투를 보고 남편이 당신은 좋겠다고 한다.

　그 말끝에 웃으며 내가 말했다. 평소에 파 놓은 저수지가 많아 물이 안 마른다고 적절한 대답을 해 주었다. 다목적 댐, 큰 저수지는 아니더라도 흐뭇하게 바라보며 가끔 퍼다 쓸 수 있는 자그마한 연못 몇 개는 갖고 있어서 행복해진다. 기댈 수 있는 마지막 보루 남편의 연못까지.

2025. 2.

차(car) 인심

 아이들을 키워 보면 각자가 좋아하는 장난감이 있다. 손자 부성이는 공룡과 로봇을 좋아했다. 외손자 기윤이는 차를 좋아해서 손에는 언제든 차가 들려 있다. 우리 어릴 때는 어떻게 놀았는지, 우리 아이들 때 놀이는 어쨌는지 생각도 가물가물하다.
 요즘은 물자도 흔하고 원하면 갖고 싶은 거 다 가질 수 있다. 아이들이 원하면 뭐든 다 들어준다. 젊은 사람들의 교육 방식이 있으니 뭐라고 말할 수는 없다. 5살 기윤이는 지나가는 차 마크를 보고 벤츠, 아우디, 포르쉐… 각종 차종의 이름도 척척 알아내고 차 쪽으로는 가히 박사다. 기윤이의 수많은 장난감 차를 보며 얼

마 전 일이 떠오른다.

내게는 남편과 15살 차이나는 시동생이 있다. 시아버지가 살아 계실 때 작은 아들을 앞에 앉히고 말했다. 내가 나중에 이 세상에 없으면 형과 형수를 부모처럼 생각하라고 교육시킨 게 생각난다. 우리 결혼식 때 초등생이던 시동생이 어느새 자라 인동 장씨 양반집 규수를 훔쳐 와 나의 동서가 되었다. 그 시동생이 결혼한 지도 30년이 되었다. 시동생 내외는 착하고 마음 씀씀이가 좋다. 집안 대소사도 잘 챙기고 헌신으로 일하니 집안 어른들에게 칭찬을 받는다. 자주 보지는 못해도 가끔 만나면 형님! 형님! 하면서 살갑게 대한다.

얼마 전 집안 모임으로 대구에 가게 되었다. 남편은 장거리 운전이 싫다며 대구까지는 KTX로 가고 도착해서는 시동생 차를 이용해 함께 이동하기로 했다. 대구에 도착하니 시동생 내외가 시간 맞춰 나와 있었다. 승용차로 옮겨 탔는데 소형이고 오래된 차라서 조금 불편했다. 나도 모르게 아직 그 차네? 하고 말았다. 그 말끝에 동서가 3년 뒤에 바꾸려고요 한다. 다른 집안 사촌들은 만날 때마다 새로운 차로 바뀌는데 조금 마음이 편치 않았다. 우리 대화를 듣던 남편이 우리 차 줄게요 한다.

5년 전 남편이 노후대비 생계형 차를 사면서 승용차는 주차장에 세워져 있었다. 팔기도 아깝고 내가 쓰겠다고 그냥 둔 것이었다. 며느리가 쓰겠다고 가져갔는데 둘째가 다른 차를 사면서 쓰던 차를 며느리에게 주어 그 차는 다시 우리 집으로 돌아와 주차장 붙박이가 되었다.

 차를 주겠다는 생각을 한 번도 한 적이 없는데 남편의 폭탄 발언에 모두들 어리둥절했다. 명목상은 내 차였으니 나의 최종 결정이 중요했다.

 그래 인심 한번 쓰자. 주는 걸로 마음을 정했다. 남편은 은근히 신나 있었다. 차 검사를 받고 오일을 채우고 꼼꼼히 손을 보아 놓았다.

 2024년 연말이 지나고 25년 1월 초 대구에서 시동생은 김장김치 한 보따리를 들고 딸과 함께 와서 차를 가져갔다. 약간은 서운해서 차 사진만 찍어 놓고 보냈다. 시동생은 형님한테 10년은 더 쓰겠다며 흡족해했다. 형님은 동생에게 말했다. 이번 형수가 마음을 움직인 것은 제수씨가 지난 뮤지컬 공연 때 대구에서 조카와 구경 와 줘서 고마워 마음을 열었다고 하는 것이었다. 끼워 맞춰 합리화를 시키는 남편은 나보다 한 수 위였다.

 남편의 너스레에 부정을 할 수 없어 웃기만 했지만 멀리서 와 준 게 많이 고맙긴 했었다.

말도 딴 데 팔지 않고 제 올케에게 주었고 나도 차를 떠나보냈다.

우리는 처음 승용차를 구입할 때 중고 자동차로 시작했다가 새 차로는 두 번째 구입한 거라서 애착이 가던 차였다.

우리도 이젠 TEA(차)가 아닌 CAR(차) 인심을 쓸 수도 있으니 예전에 살아온 걸 생각하면 참 많이 잘 살게 되었다. 곳간에서 인심 난다는 말도 있다. 같은 성(郭)씨에 끝 글자 빛날 혁(赫) 돌림자를 함께 쓰는 관계이니 피는 물보다 진하다. 이게 핏줄이다라는 생각을 해 본다. 아까워서 팔지 못한 차를 필요한 사람에게 주게 되어 편한 마음이 되어 본다.

2025. 2.

국회도서관

국회도서관 방문이 있을 예정이니 3월 6일 시간을 비워 놓으라는 연락을 받았다. 스케줄을 확인하고 오케이 사인을 보냈다. 국회 소리만 들어도 어질어질한 요즘이다. 국회도서관을 방문하여 관람하고, 저녁을 먹고 산책을 하는 일정이다. 국회의사당역에서 10명이 만나 이동했다.

평소에 안면이 있는 황정근 변호사가 제24대 국회 도서관장(차관급)으로 임명되었다. 임명된 지는 한 3개월이 되었다고 한다. 안내된 관장실에 들어서니 넘어가는 햇살이 통유리를 통해 눈이 부셨다. 늘 지나다니면서 보이는 파란 지붕의 국회의사당 건물이 손에 닿을 듯이 창 너머 바로 앞에 있다. TV에 나오는 국회의원들의 모습을 보면 의견 대립을 하고 고성이 오고 가는 것이 대부분이었다. 평소 생각하고 보아 왔던 실내와는 달리 국회의사당은 너무나 평온하게 자리 잡고 있었다.

황 관장은 고향이 경북 예천이라고 했다. 흔히 하는 말로 고향 까마귀만 봐도 반갑다는 말이 있는데 구수한 경상도 사투리에 친근감을 느꼈다. 황 관장은 『새·달·밝·깨』라는 저서도 있다.

국회도서관에 직원이 900명 정도이고 850만 권의 장서가 있다는데 놀랐다. 우리가 방문했을 때는 퇴근 무렵이라 그런지 직원도, 도서 이용객도 드문드문 있었다. 국회도서관에서 하는 일은 국회에서 세계 각국의 법률을 요구하면 일일이 찾아서 넘겨주는 일을 한단다. 그때 딱 머리에 떠오르는 생각은 국회의원들이 좋은 법을 받아들여 국민들이 납득하고 우리나라에 맞는 법을 잘 만들었으면 하는 생각을 했다.

도서관장실에서 달달한 꿀차를 대접받고 방문객에게 선물로 준비한 쇼핑백을 하나씩 받아들고 안내 직원을 따라나섰다. 국회 도서관 설립은 한국전쟁이 한창이던 1952년 임시수도 부산에서 장서 3600권과 직원 1명인 국회도서실로 출발하여 1955년 국회 도서관으로 승격 오늘날에 이르렀다고 한다. 그 난리통에도 도서실을 만들어서 우리에게 없어서는 안 될 소중한 책들을 소장하고 있다는데 감사하고 숙연해질 수밖에 없었다.

일반인도 열람은 가능하고 집에 가져가는 대출은 불가능하다고 한다. 석, 박사가 되기 위한 논문을 쓸 때 많이 이용한다고 한다.

일몰이 시작되고 한강이 내려다보이는 전망이 좋은 '쿠치나후'란 식당에서 비싼 코스요리를 먹고 수다가 시작되었다. 박사 논문을 쓸 때 많이 이용했다는 일행도 있었고 작가도 있고 기자도 있었지만 국회도서관 방문은 나처럼 처음인 사람도 있다. 사람은 알 권리도 있고 알아야 할 것도 많지만 오늘의 국회도서관 방문은 오랫동안 기억에 남을 것 같다.

지난해 뮤지컬을 함께한 양 선생님이란 분에게 책을 드렸는데 조심스레 내 글을 유튜브에 올려도 되느냐고 물어왔다. 당연히 괜찮다고 말해 놓고 잊어 버렸다. 며칠 전 우연히 네이버에 들어가서 내 이름을 쳐봤더니 『못 말리는 가족』 『엄마가 변했어요』 두 권의 책 소개와 아직도 판매하고 있는 서점이 나왔다.

네이버 속에 동영상이 쭉 뜨는데 양 선생님이 낭독한 글들이 모두 올라와 있었다. 한 권을 다 읽은 분량이었다. 관악 방송에서 이성화 선생님과 녹음한 것도 있고, 새조위(새롭고 하나 된 조국을 위하여) 신 대표와 동영상 찍은 것도 올라와 있었다. 새삼 한 분 한 분이 고맡기도 했다. 초등학생 손녀한테 유튜브를 배웠다는 양 선생님 말에 의하면 본인은 글 읽기를 정말 싫어했는데 본인이 낭독한 글을 들으면 귀에 쏙쏙 들어온다고 좋아했다. 자기가 원하는 유튜브 공부도 하고 책 읽는 효과가 있다고 일석이조라 도리어 고맙다고 했다.

네이버를 또 내려 보니 국회도서관이 뜨고 차례대로 일반도서 지은이 안경환 자료이용: 서울 관서고(열람 신청 후 1층 대출 대) 청구기호: 811.4-24-302 이런 게 써 있었다. 누군가에게는 대수롭지 않을 수도 있지만 내게는 신기하고 놀라웠다. 방대한 850만 권의 장서 속에 내 책도 있구나 하는 자부심도 있었다. 국회도서관 방문 때는 내 책이 거기 있는 줄 몰랐다.

미디어 매체가 고마우면서도 무서웠다. 의도치 않아도 나의 정보가 강한 자석에 끌리듯이 다 흡수하고 네이버는 나보다 더 많은 걸 알고 있고 가진 것 같았다.

우리 오 교수님은 늘 말씀하셨다. 책을 쓰고, 누군가에게 도움을 주고 후대에 읽히면 그보다 더 좋은 게 없다고 하신 말씀이 생각난다.

담긴 그릇은 작지만 앞으로도 많은 글을 읽고 잘 써 보아야겠다는 다짐을 해 본다. 큰일을 맡고 있는 국회도서관 방문은 내게 또 다른 힘이 되었다.

2025. 3.

그녀 조옥연

두 여인은 찬란한 인생의 40대에 만나 지금까지 인연을 이어오고 있다.

찬란한 인생이란 허울 좋은 젊음이고 한 여인의 아이들은 쑥쑥 자라나고 주머니는 늘 비어 있고 악다구니 속에서 치열하게 살아내고 있었다.

한 여인은 주머니는 늘 두둑했지만 자욱한 담배 연기, 숯불로 구워내는 고기 내음, 종업원 관리 스트레스의 연속이었다.

주(酒)를 즐기며 노래방에서 「여자의 일생」 「인생의 종착역」을 부르며 밤 문화에 젖기도 했고 어깨동무로 서로에게 위로를 받았다.

나는 왜? 이런 시련을? … 동병상련의 아픔을 함께 나누었다.

한 여인~ 치매 시부모님도 저세상 분이 되고 한 여인~ 망한 사업 접고 월급 타는 직업을 가지게 되고 한 15년을 살아내니 아이들은 출가도 하게 되고 마음의 여유도 생기면서 바다 건너 세상 구경도 하게 되었다.

권커니 받거니 우린 멋진 여인이고 엄마야! 이만하면 인생 잘 살아 낸 거야. 뭐 부러울 게 있어! 밥콜, 여행콜, 손발이 척척 잘 맞았다.

한 여인의 몸에 이상이 생겨 당분간 콜이 끊어질 것 같다.

잘 이겨 낼 거야. 전화하는 것조차 두려워지면 안 되는데 마음이 슬퍼지네.

- 그녀에게 쓴 2019년 4월의 글

그녀가 떠났다. 이젠 볼 수도 만날 수도 없는 먼 곳으로 떠났다. 열흘 전 전화를 마지막으로.

잘 있지요? 별일 없지요? 짧은 안부가 끝이었네. 내가 보낸 미처 읽지 않은 카톡의 숫자는 그대로인데 그녀는 없네. 몇 날 며칠을 울고 또 울어도 이 슬픔을 가늠 길이 없다네. 남은 식구는 어찌하라고? 살던 큰 집과 홍천 집은 어찌할꼬? 같이 다닌 여행, 밤

늦도록 나눈 대화들 이제는 추억이 되었네. 당신의 고운 향기는 우리들의 가슴에 너무 많은 것을 남기고 갔다네. 차라리 꿈이었으면 좋겠어. 현실로 받아들이기는 믿기지 않는다네. 아직도 하고 싶은 얘기들은 하늘의 별같이 많은데… 운명의 신은 너무나 야속하구나. 영혼이 있다면 영진 아빠와 영진이 도와주고 남은 가족들 화목하게 잘 살 수 있도록 보살펴 주게나. 이승에서 절친했던 인연이었는데 가는 길에 아무것도 해줄 수 없다는 게 안타까울 뿐이네. 당신은 너무나 짧은 인생이지만 멋지게 살았어! 한 시대를 풍미한 여걸이었네. 사람 좋아하는 당신은 가는 마지막도 선택해 갔는지 주말, 휴일이어서 당신이 좋아하는 모든 사람이 모여서 당신을 그리고 있다네. 내가 그려준 꽃고무신이 마지막 선물이 될 줄이야…. 당신을 사랑했던 여인이 마지막 가는 길을 글로 대신해 본다네. 아픔의 고통이 없는 천국으로 가서 편히 쉬시게나. 꽃신 신고 잘 가시오. 마지막 보내준 갓김치로 슬픔을 달래 보리다. 안녕.

2021. 1. 31. 일요일

 항암 치료를 받고 수술을 끝내고 요양 중에 있는 한 여인을 위로도 하며 살던 중 다른 여인도 이상이 왔다.
 병원 예약을 했는데 남자의 울음소리가 들려 안방을 찾아드니 이불을 들썩이며 울고 있는 남자의 찐한 눈물은 세상에서 가장 슬픈 눈물로 보였다.

  조직 검사를 받고 수술 후 방사선 치료를 끝낼 때까지 그 남자는 한 여자와 한 몸이 되어 살았다. 다행히 착한 암이어서 회복도 빨랐다.

2019. 5. 23.

수상소감

생각지도 못했던 수상 소식을 듣고 너무 예상 밖이라 왜요?라는 말로 반문했고 나에게도 왜? 어찌하여라는 즐거운 꼬리표가 남았습니다. 문학에 발을 들여놓은 게 16년이 되어도 아직도 어설프고 초보라는 생각을 가지고 있었습니다. 배운 만큼 더 배워야 한다고 생각했었습니다. 예상 밖의 수상이지만 감사히 받겠습니다.

올해 5월의 봄은 내 인생에도 봄입니다. 70이 넘은 나이에 화양연화가 찾아왔습니다. 한 획 한 획이 글자가 되고 글자가 연결되어 글이 되었고 글이 모여 책이 되어 나왔습니다. 책이 되어 나왔을 때의 그 기쁨은 말로 형용하기 어려웠습니다. 더 이상의 기쁨이 없을 줄 알았는데 이런 영광의 날이 찾아왔습니다. 수상 소식을 듣고는 고인이 되셨지만 나를 낳아 주신 부모님, 혈연, 지연 주위에 나를 아는 분들을 한 번 더 돌아보는 계기가 되었습니다. 모두가 정감이 가고 소중하다는 생각이 들었습니다. 수상은 글을 쓰는 힘을 주었고 더 좋은 글을 써서 보답해야겠다는 생각을 했습니다.

저를 여기까지 이끌어 주신 오경자 교수님과 심사 위원님께 감사드립니다. 수필 문학사 대표님과 류진 편집장님 감사합니다. 진주 남강문학회 이민호 대표님 감사합니다. 함께 공부하고 토론하며 수필 밭을 일궈 온 고대미래교육원 문우님들에도 감사함을 전합니다. 항상 물심양면 도와주고 글감을 주는 남편과 가족들에게 기쁨을 전하며 모두모두 사랑합니다.

2025. 5. 15.

친정엄마

친정엄마는 서울에서 딸이 내려온다는 연락만 받으면
그때부터 무얼 싸 보내야 하는 고민에 빠지곤 했다
그래서 엄마가 돌아가시기 전까지는 고추, 마늘 양념은
걱정 없이 살았다
휴일에 점심을 함께하자는 아이들의 전화를 받았다
며칠 뒤 둘째 딸의 생일과
엄마의 병원진단 결과가 좋다는 축하 파티였다

친정을 온다는 소리에 집에 있는 재료로 후딱
반찬을 만들어 싸서 보냈다
영락없는 친정엄마의 모습을 닮고 있었다
남5 여5 10명이 밖에서 해물찜을 먹고 집에 와서
케이크를 자르고 커피를 마셨다
푸르름을 더해가는 여름에

달

안마기에 누워 잠이 들었다
불빛이 아닌 무언가가
창을 들여다보며 배시시 웃는다
창 너머 열이틀 달이 널브러진 나를 염탐한다
너와의 눈 맞춤이 참 오래되었구나
세상은 잠이 들고 너와 나 눈으로 대화를 한다
내일은 하루만큼 살이 더 차올라 있겠구나

오늘밤 너의 자태가 고고하여 쉬 잠들지 못하겠다
뉴질랜드 북섬에서 만난 새벽달이 너무 예뻐
따오고 싶었는데 오늘은 눈으로 가슴으로
너를 실컷 안아 본다

| 축간사 |

낭만이 흐르는 시간

 8월의 폭염에 한줄기 자연 바람이 자정을 앞둔 시간에 불어온다. 반가운 소식도 함께 날아들었다.
 안경환 작가는 55년 지기(知己) 절친의 부인으로 문단에 등단하여 연륜을 쌓아가는, 유일하게 대화가 통하는 친구의 부인이다. 그들의 청춘이 머물던 연애 시절은 엄혹한 시대적 배경과 더불어 삶이 갑갑했던 세월이라 기억한다.
 대구에서 서울로 터전을 잡은 부부의 삶은 그 시대의 대부분 청춘이 그러하듯, 드라마틱한 날들이었으나, 현실의 각박한 환경에서 그들을 지탱해준 보이지 않는 끈은 책의 제목처럼 낭만이었다고 반추한다. 생활의 고달픔을 사랑으로 이겨내는 이가 있고, 차가운 이성과 끈끈한 노력으로 시련을 극복해가며 성공을 도모해가는 이들도 있지만, 이들 부부는 구름 속 햇살처럼, 낭만이 일생을 통과하는 유쾌함이 담긴 나날이라 느껴진다. 삶이 그러했듯 안경환 작가 또한 그 속에 묻혀 즐거운 생활인으로서의 부지런함과 명쾌한 편안함이 장점으로 보였다.
 문체나 문맥을 이어가는 속도감을 의복으로 표현한다면, 고급 옷감에 잘 다듬어진 체형의 모델에게 입혀진 핏이 좋은 글이 아니라, 조금은 품이 넉넉하고 다리통이 여유로운 팬츠를 입고 다니며 편히 앉아 차 마시는 평화롭고 따뜻한 글감에 소박한 품성을 엿볼 수 있어 보기 좋다.

아무리 좋은 글이 넘쳐나도 가슴에 와닿질 않고 수많은 세월이 스스로의 역사가 된 기억들도 흔적 없이 묻힌 채 잊혀 가는 게 대부분일 텐데 지나칠 수 있는 추억을 관심과 정성으로 길어 올리는 솜씨는 참으로 배우고 싶다. 작가 부부는 살면서 상처가 된 사연들도, 기어이 즐거움으로 다듬어 가슴 시렸던 시절을 한 줌 흙으로 사용해서 라일락꽃 향기로 피어 올리는 지혜가 부럽다. 인생의 굴곡을 파도로 그려내지 않고, 흐르는 구름으로 묘사한 넉넉함이 진정한 낭만이 아닐까 싶다.

작가 부부는 서로의 사람을 만들고자 한 것도 아니고 치열함을 넘어 거북한 경쟁으로 채찍질하는 세월을 경계하며 더 많이 기다려주고, 지켜봐 주며, 둘이 아닌 하나인 듯, 그들의 모습에서 이기고 지는 것도 다 보잘것없는 회오의 나날임을 아는 듯하다. 진정한 낭만이 무엇인지 결코 대체할 수 없는 작가 부부의 삶을 이곳저곳에서 감상할 수 있는 재미가 남다르다. 다시 한번 안경환 작가의 세 번째 수필집 상재를 축하드립니다.

2025년 8월 첫날
작가의 남편 곽진혁의 친구 이광식

안경환 수필집

낭만남자

2025년 9월 5일 초판 인쇄
2025년 9월 10일 초판 발행

지은이   안경환

발행인   강병욱
발행처   도서출판 교음사
편집   수필문학사

03147 서울 종로구 삼일대로 457 수운회관 1308호
Tel (02) 737-7081, 739-7879(Fax)
e-mail : gyoeum@daum.net
등록 / 제2007-000052호

* 잘못된 책은 바꿔 드립니다. 값 15,000원

ISBN 978-89-7814-076-8 03810

- 이 책은 한국예술인복지재단의 창작활동준비금을 지원받아 제작되었습니다.

- 이 책 내용의 전부 또는 일부를 재사용하려면 저작권자와 교음사의 동의를 받아야 합니다.
  지은이와의 협의 하에 인지는 생략합니다.